Les nombres de 0 à 19 : lire et écrire les nombres

1 Complète.

11		**10 + 1**	onze
12		10 + ...	....
13		10 + ...	....
14		10 + ...	....
15		10 + ...	....
16		10 + ...	....
17		10 + ...	....
18		10 + ...	....
19		10 + ...	....

Les nombres de 0 à 19 : représenter les nombres

1 **Compte** la monnaie et **complète**.

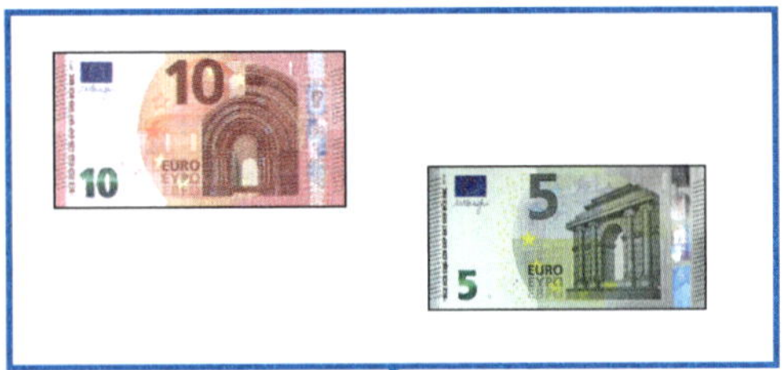

....

....

....

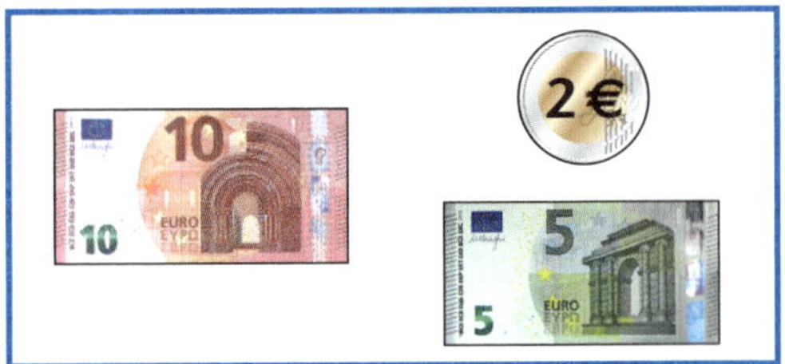

....

2 **Représente** les nombres avec le moins de monnaie possible.

13 €

16 €

1 **Entoure** les paquets de **10** et **échange** comme dans l'exemple. Puis **complète** le tableau de numération.

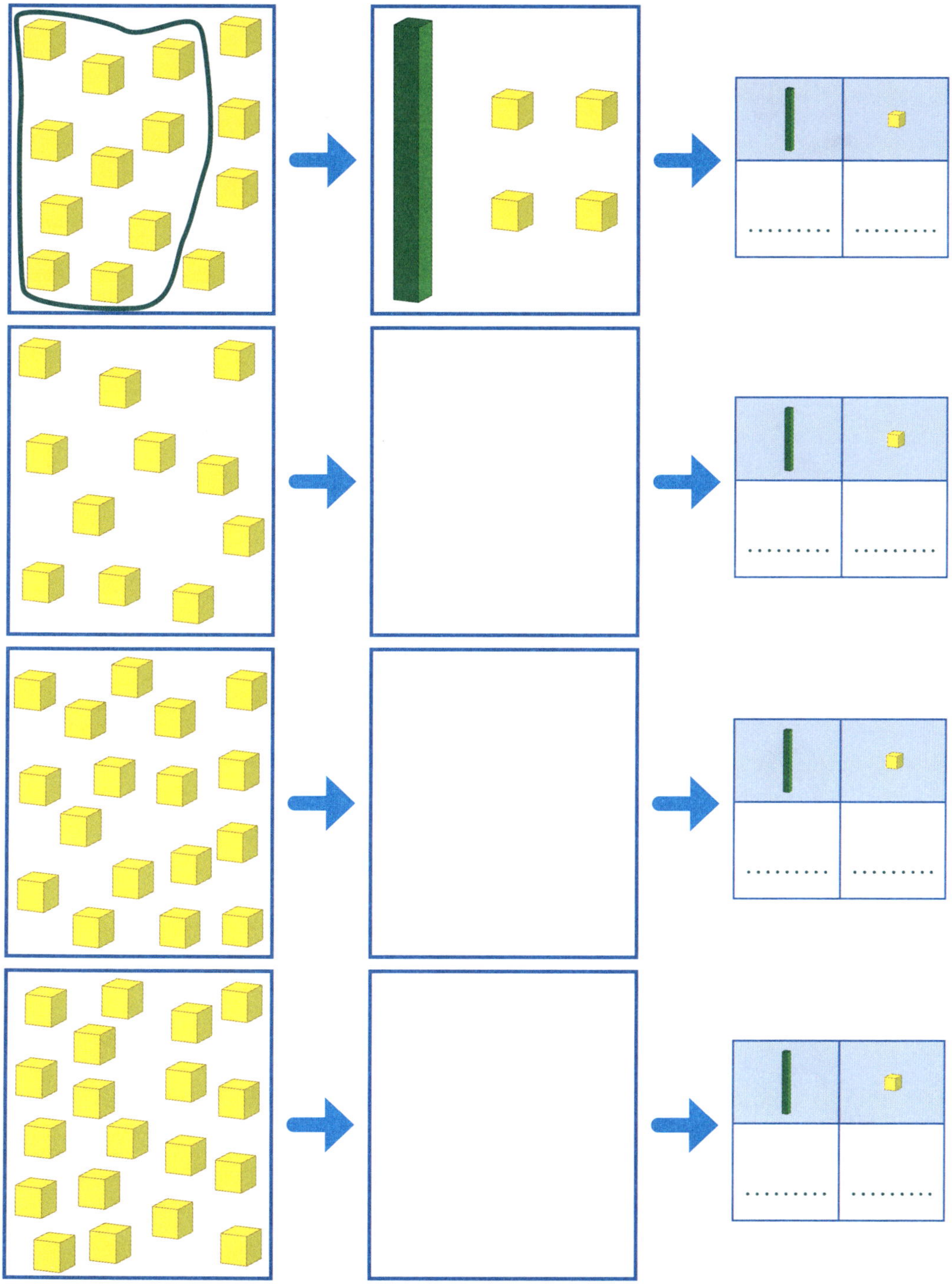

1 **Entoure** les paquets de **10** pour compter les poissons et **complète** le tableau.

D	U
....	....

D	U
....	....

D	U
....	....

Les nombres de 0 à 19 : comparer des nombres

1 **Barre** le plus petit nombre à chaque fois.

16	12	19	6	8	18
5	15	11	7	14	13

2 **Complète** avec le signe qui convient.

< > =

14 .... 16 18 .... 18 17 15

7 .... 13 4 .... 8 10 5

11 .... 12 19 .... 9 16 13

6 .... 16 11 .... 11 0 10

3 **Écris** le nombre qui vient avant et celui qui vient après.

	12			15	
	3			10	
	18			7	
	11			9	

Les nombres de 0 à 19 : ranger des nombres

1 **Écris** les nombres.

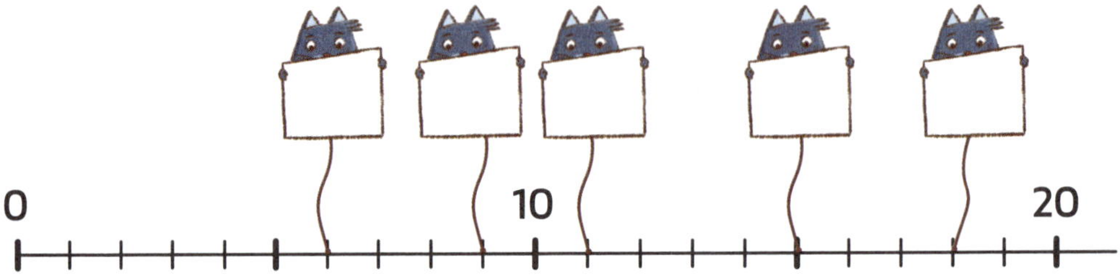

2 **Range** les nombres dans l'ordre croissant :

16 – 12 – 7 – 17 – 5.

3 **Range** les nombres dans l'ordre décroissant :

13 – 8 – 19 – 3 – 10.

Les nombres de 0 à 100 : lire et représenter les dizaines de 10 à 100

1 Complète.

10		1 dizaine 0 unité
20		.... dizaines .... unité
30		.... dizaines .... unité
40		.... dizaines .... unité
50		.... dizaines .... unité
60		.... dizaines .... unité
70		.... dizaines .... unité
80		.... dizaines .... unité
90		.... dizaines .... unité

Les nombres de 0 à 100 : lire et représenter les dizaines de 10 à 100

1 **Range** les nombres dans leur maison.

53 - 14 - 42 - 71 - 85 - 39 - 26 - 98 - 67

34 - 57 - 72 - 41 - 19 - 96 - 68 - 83 - 24

1 Complète.

21		**20 + 1**	vingt-et-un
59		...... + ...	....
45		...... + ...	....
68		...... + ...	....
36		...... + ...	....

Les nombres de 0 à 69 : représenter les nombres

1 **Compte** le nombre d'œufs et **complète**.

....

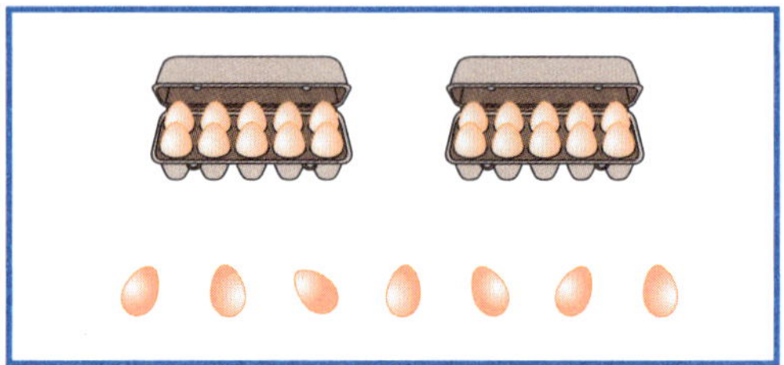

....

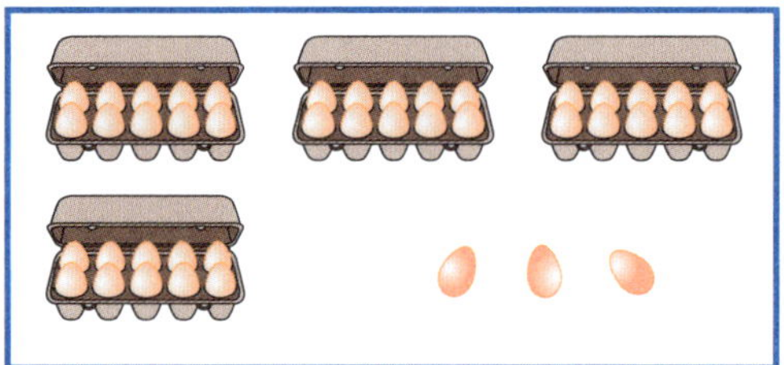

....

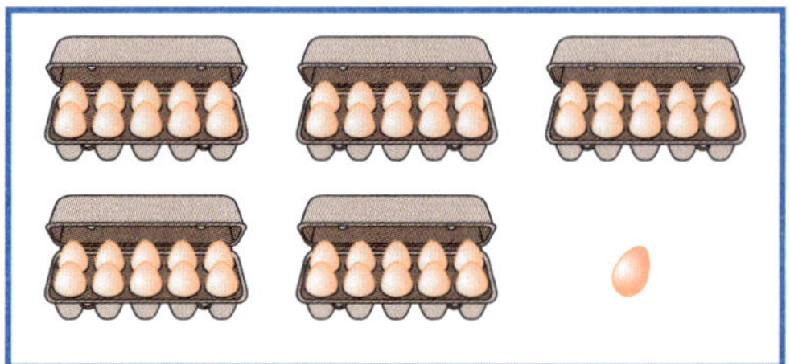

....

2 **Représente** les nombres avec le moins de monnaie possible.

53 €

26 €

Les nombres de 0 à 69 : comparer et ranger des nombres

1 **Complète** avec le signe qui convient.

< > =

53 15   69 49   62 31

46 64   51 22   50 50

27 38   33 10   42 24

2 **Écris** le nombre qui vient avant et celui qui vient après.

	41	
	26	
	39	

	64	
	58	
	47	

3 **Range** les nombres dans l'ordre décroissant :
26 - 43 - 37 - 68 - 54 - 32.

Les nombres de 0 à 69 :
se repérer sur la droite numérique
et dans le tableau des nombres

1 **Écris** les nombres.

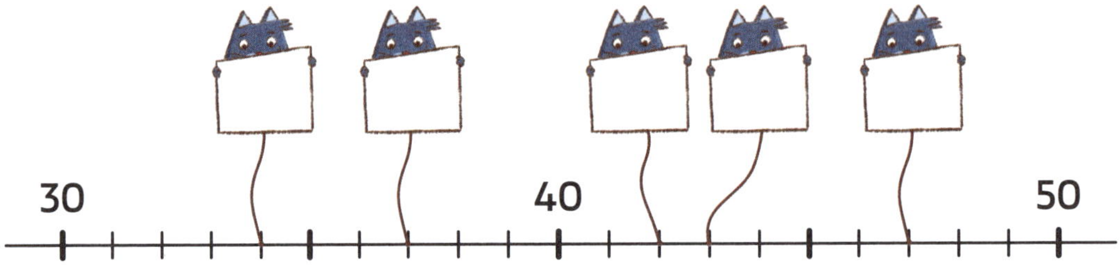

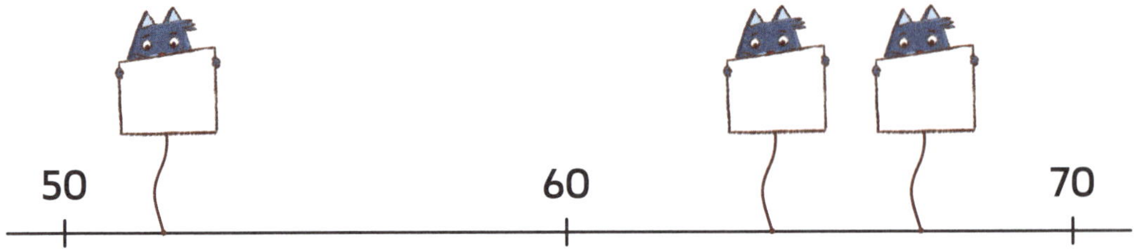

2 **Complète** le tableau des nombres.

0	1	2	3	....	5	6	7	8	....
10	....	12	13	14	....	....	17	18	19
20	....	22	23	24	....	....	27	28	29
30	....	32	33	34	35	36	37	....	39
40	....	....	43	44	45	....	47	48	49
50	....	52	....	54	55	56	....	58	59
60	....	62	63	....	65	66	....	68	....

Les nombres de 0 à 79 : lire, écrire et représenter les nombres jusqu'à 79

1 **Représente** les nombres avec la base **10**.

74 | 78 | 71

2 **Écris** les nombres en lettres.

soixante

dix

neuf

douze

quinze

72 : ....

79 : ....

75 : ....

70 : ....

3 **Représente** les nombres avec le moins de monnaie possible.

73 € | 76 €

Les nombres de 0 à 79 : comparer et ranger des nombres

1 **Complète** avec le signe qui convient.

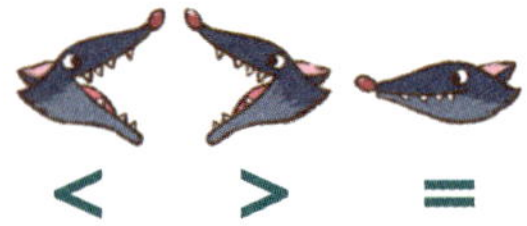

62 51	71 71	29 72
74 76	63 9	70 69
37 73	45 75	54 65

2 **Écris** le nombre qui vient avant et celui qui vient après.

	77			70	
	61			64	
	73			52	

3 **Range** les nombres dans l'ordre croissant :

72 - 65 - 78 - 56 - 70.

Les nombres de 0 à 89 : lire, écrire et représenter les nombres jusqu'à 89

1 **Représente** les nombres avec la base **10**.

81

89

86

2 **Écris** les nombres en lettres.

85 : ....

82 : ....

84 : ....

vingt

deux

quatre

cinq

3 **Représente** les nombres avec le moins de monnaie possible.

83 €

88 €

Les nombres de 0 à 89 : intercaler et encadrer entre deux dizaines

1 **Colorie** les deux dizaines consécutives qui encadrent le nombre en bleu et **complète**.

58	59	60	61	62	63	64	65	66	67	68	69	70	71

.... < 66 < ....

69	70	71	72	73	74	75	76	77	78	79	80	81	82

.... < 72 < ....

80	81	82	83	84	85	86	87	88	89	90	91	92	93

.... < 89 < ....

2 **Relie** les nombres entre les bonnes dizaines.

Les nombres de 0 à 89 : intercaler et encadrer entre deux dizaines

1 **Encadre** les nombres entre deux dizaines qui se suivent.

.... < 52 < .... < 31 < .... < 75 < ....

.... < 47 < .... < 28 < .... < 89 < ....

.... < 64 < .... < 83 < .... < 56 < ....

2 **Colorie** selon le code.

- Entre 30 et 40
- Entre 40 et 50
- Entre 50 et 60
- Entre 60 et 70
- Entre 70 et 80
- Entre 80 et 90

1 **Représente** les nombres avec la base **10**.

95	92	97

2 **Écris** les nombres en lettres.

98 : ....

93 : ....

90 : ....

- vingt
- treize
- huit
- quatre
- dix

3 **Représente** les nombres avec le moins de monnaie possible.

96 €	94 €

1 **Complète** les cases blanches du tableau des nombres.

0									
	....								
	....					....	....		
	....			....			....		
		....	....	....			....	....	
50			....						
				....	....	....			
	....			....				....	
....	....	....		....				....	
	....						....	....	99

2 **Complète** les cases.

....		
	21	
		....
	....	....

	....	
....		
....	....	69
....		

	....	
....		
....		....
	96	

Se repérer sur la droite numérique graduée et non graduée

1 **Écris** les nombres.

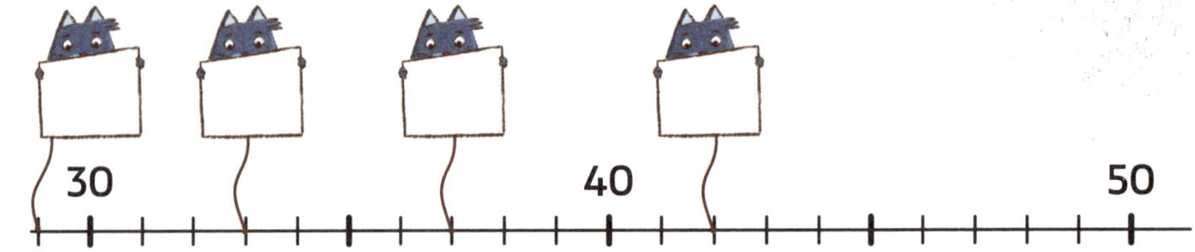

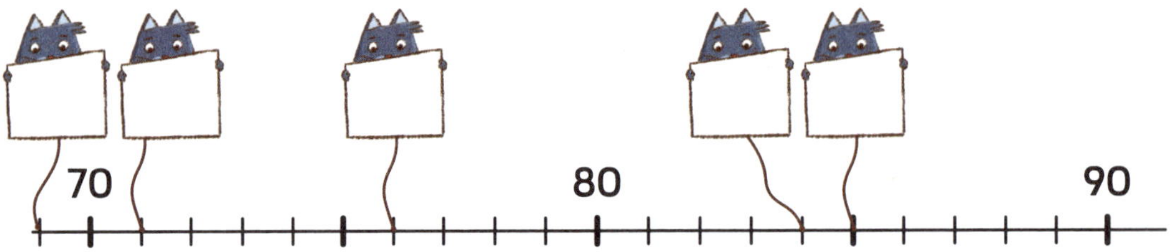

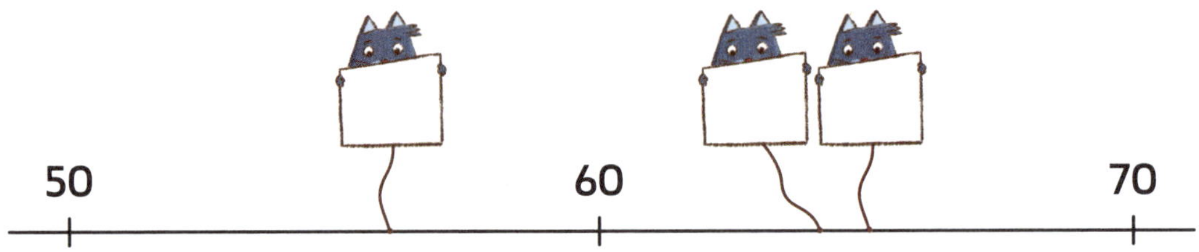

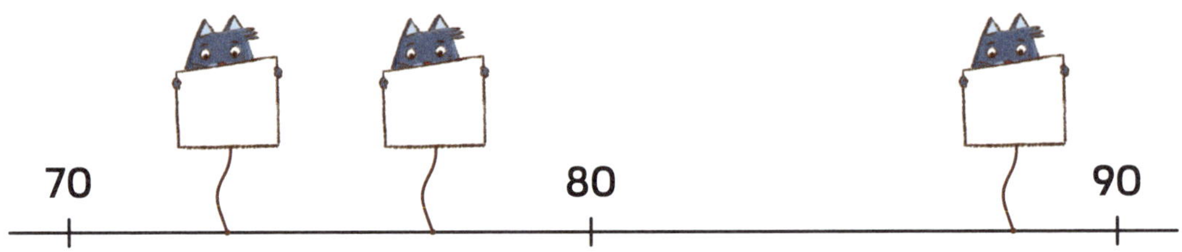

2 **Relie** les nombres à leur place sur la droite numérique.

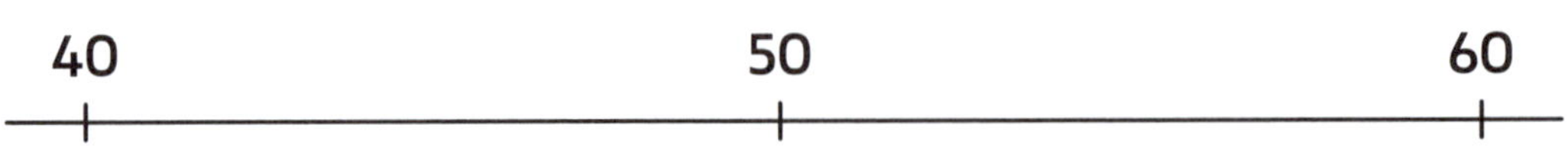

1 Colorie ce qui fait 100.

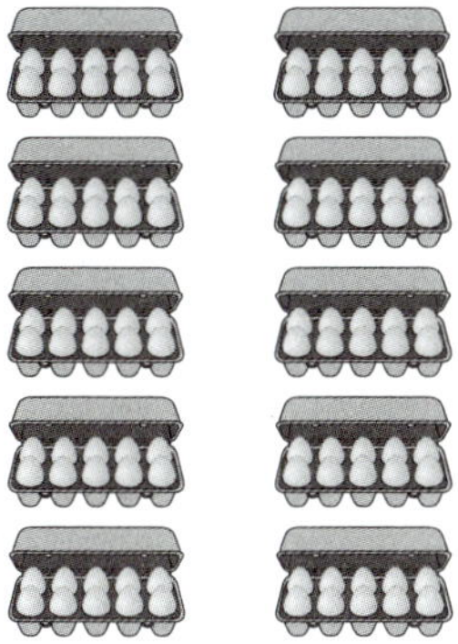		
quatre-vingt-dix-neuf	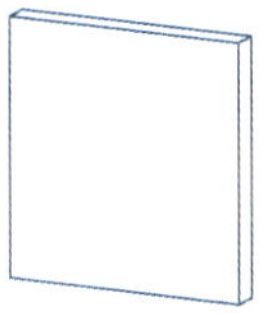	100
	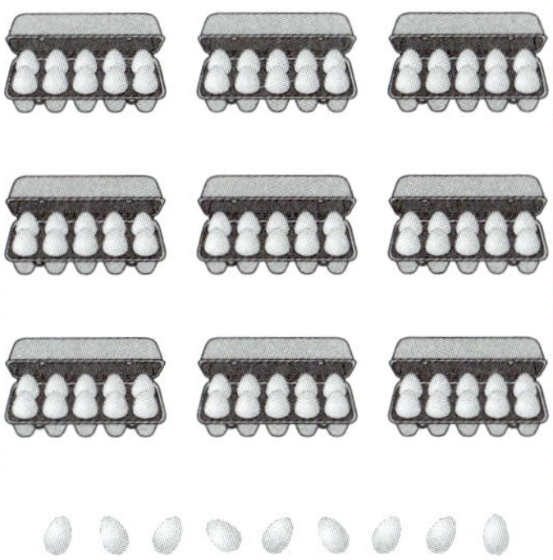	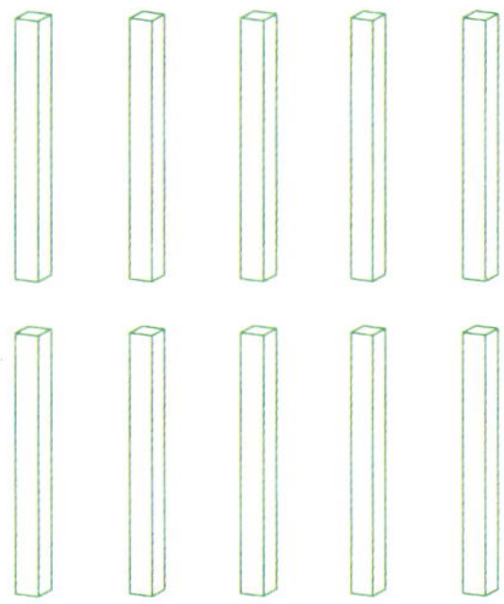
cent	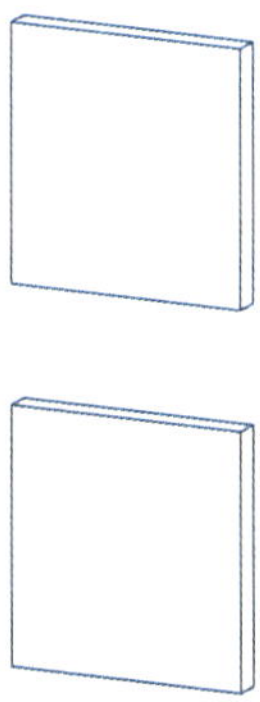	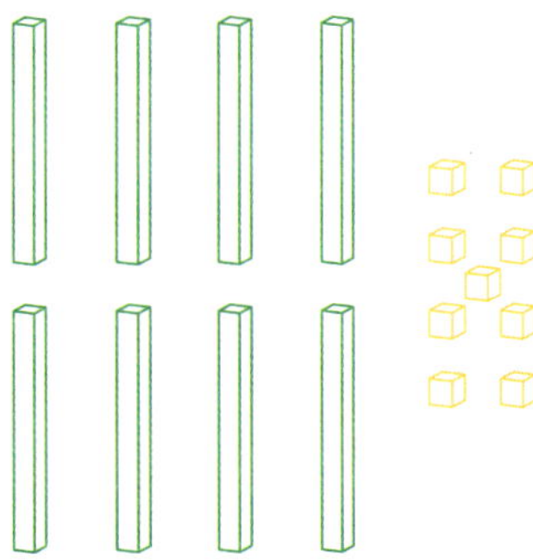

1 **Colorie** les centaines identiques de la même couleur.

	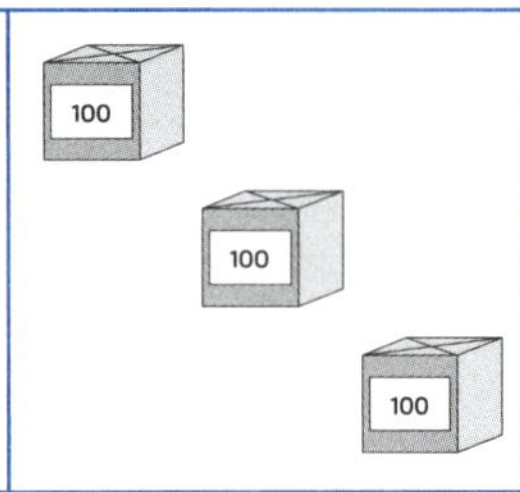	200	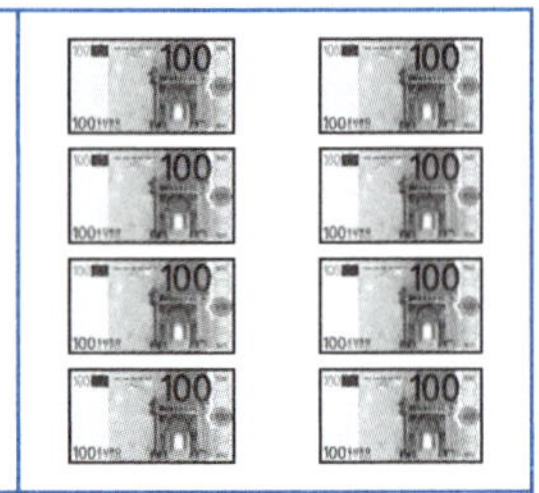
300	neuf-cents	500	400
quatre-cents	600	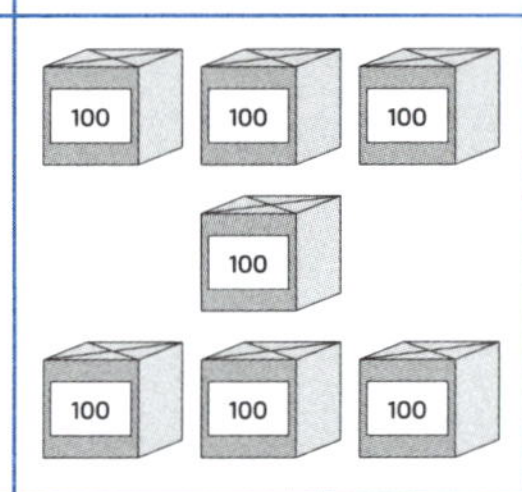	900
700	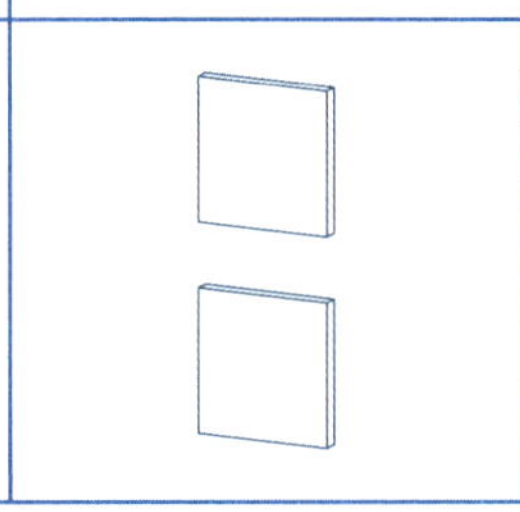	800	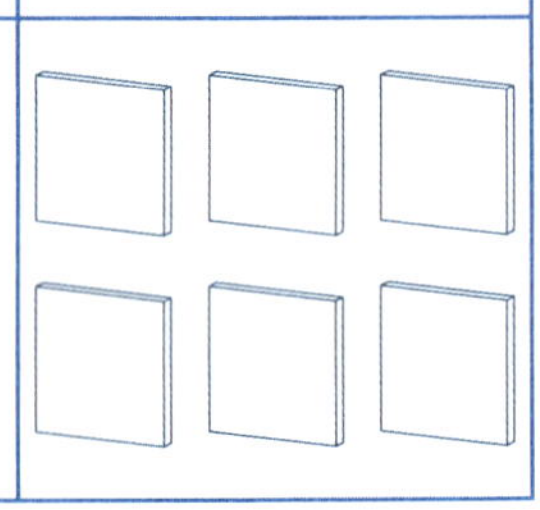

2 **Écris** les centaines sur la corde.

1 Complète.

....	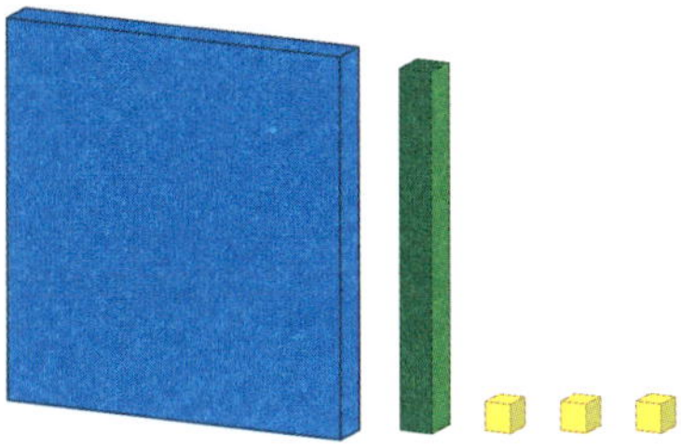	.... + ... + ...
....		100 + 40 + 5
187		.... + ... + ...
....		.... + ... + ...
191		.... + ... + ...

1 La maman de Nathan doit payer **142 €** pour son inscription au handball. **Aide**-la à remplir le chèque.

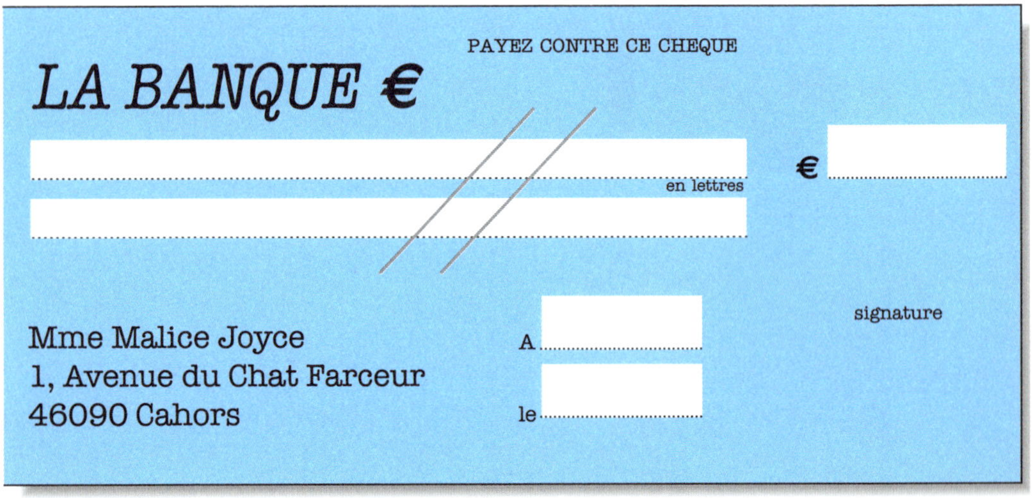

2 **Colorie** de la même couleur les étiquettes du même nombre.

136	cent-vingt-cinq	100 + 30 + 6
cent-cinquante-deux	100 + 60 + 3	152
100 + 50 + 2	163	cent-soixante-trois
100 + 20 + 5	cent-trente-six	125

Les nombres de 0 à 199 : représenter les nombres

1 **Entoure** les paquets de **10**, puis de **100** et **complète** le tableau.

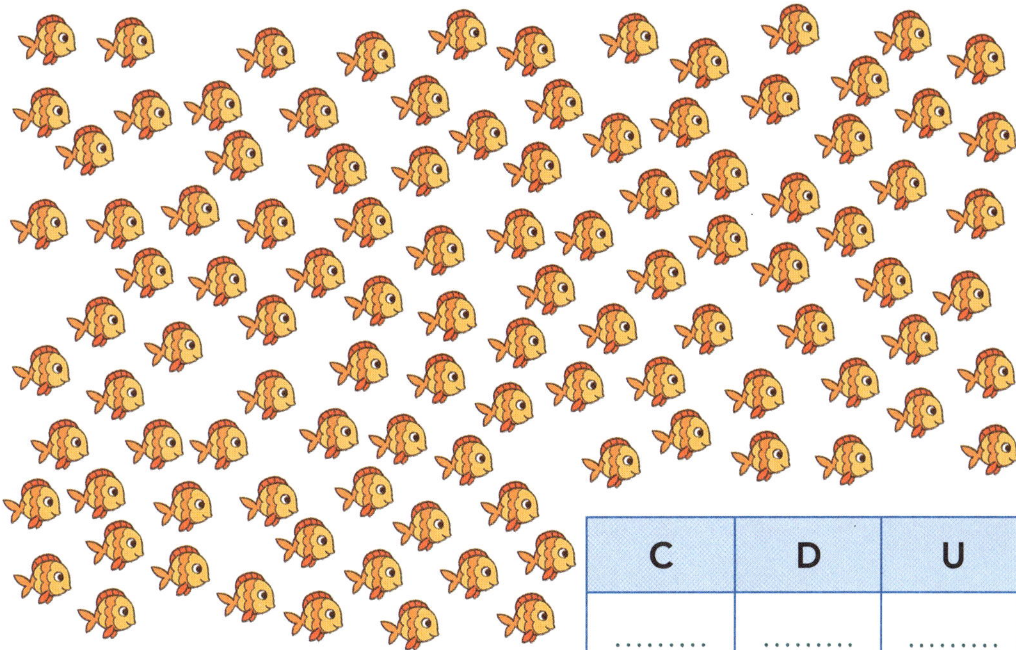

C	D	U
....	....	....

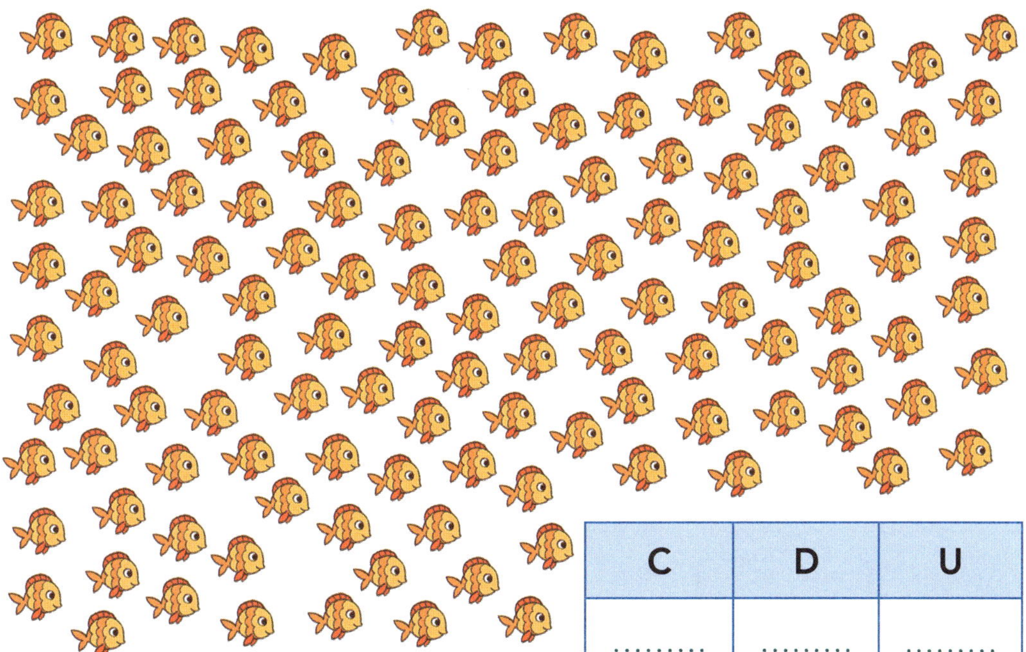

C	D	U
....	....	....

Les nombres de 0 à 199 : représenter les nombres

1 **Compte** le nombre d'œufs et **complète.**

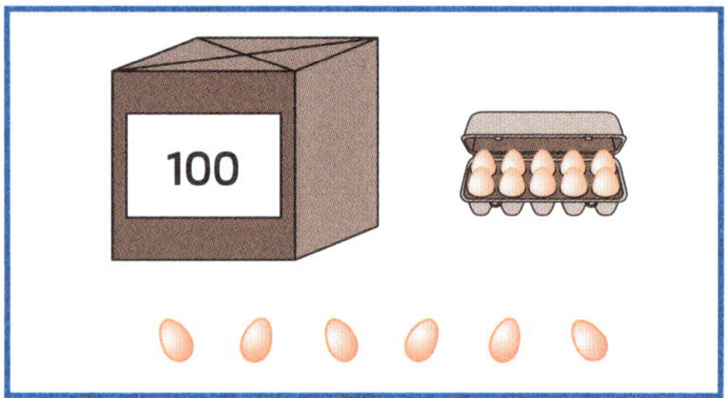

....

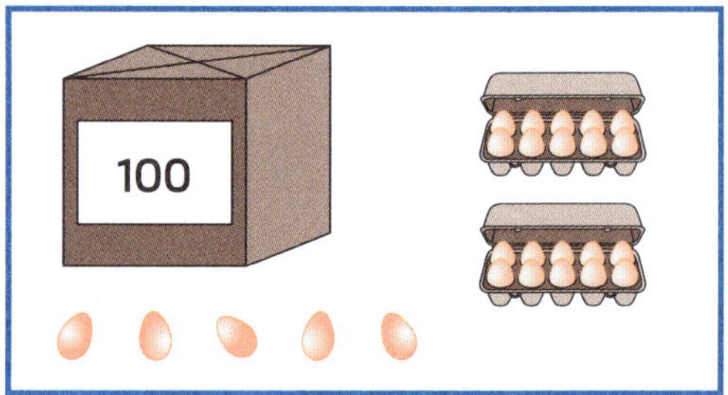

....

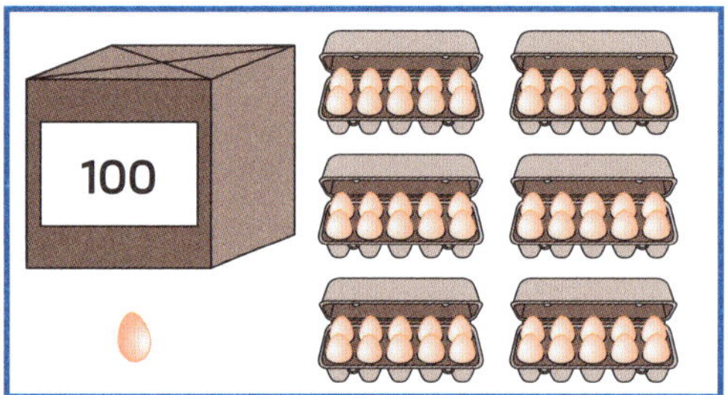

....

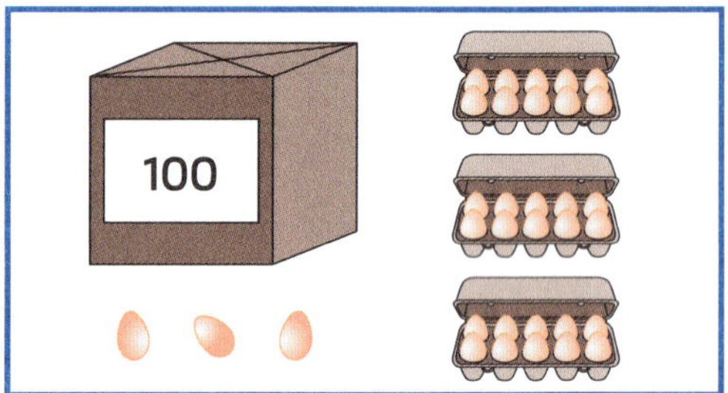

....

2 **Représente** les nombres avec le moins de monnaie possible.

128 €

182 €

Se repérer dans le tableau des nombres de 100 à 199

1 **Complète** les cases blanches du tableau des nombres.

100						…….			
		…….	…….	…….					
	…….								…….
	…….								…….
	…….							…….	
150					…….	…….		…….	
						…….			
…….	…….	…….			…….	…….			
			…….		…….				…….
								…….	199

2 **Complète** les cases.

…….		
	165	
		…….
	…….	…….

	…….	
…….		
…….	…….	189
…….		

	…….	
…….		
…….		…….
	132	

Se repérer sur la droite numérique graduée et non graduée

1 **Écris** les nombres.

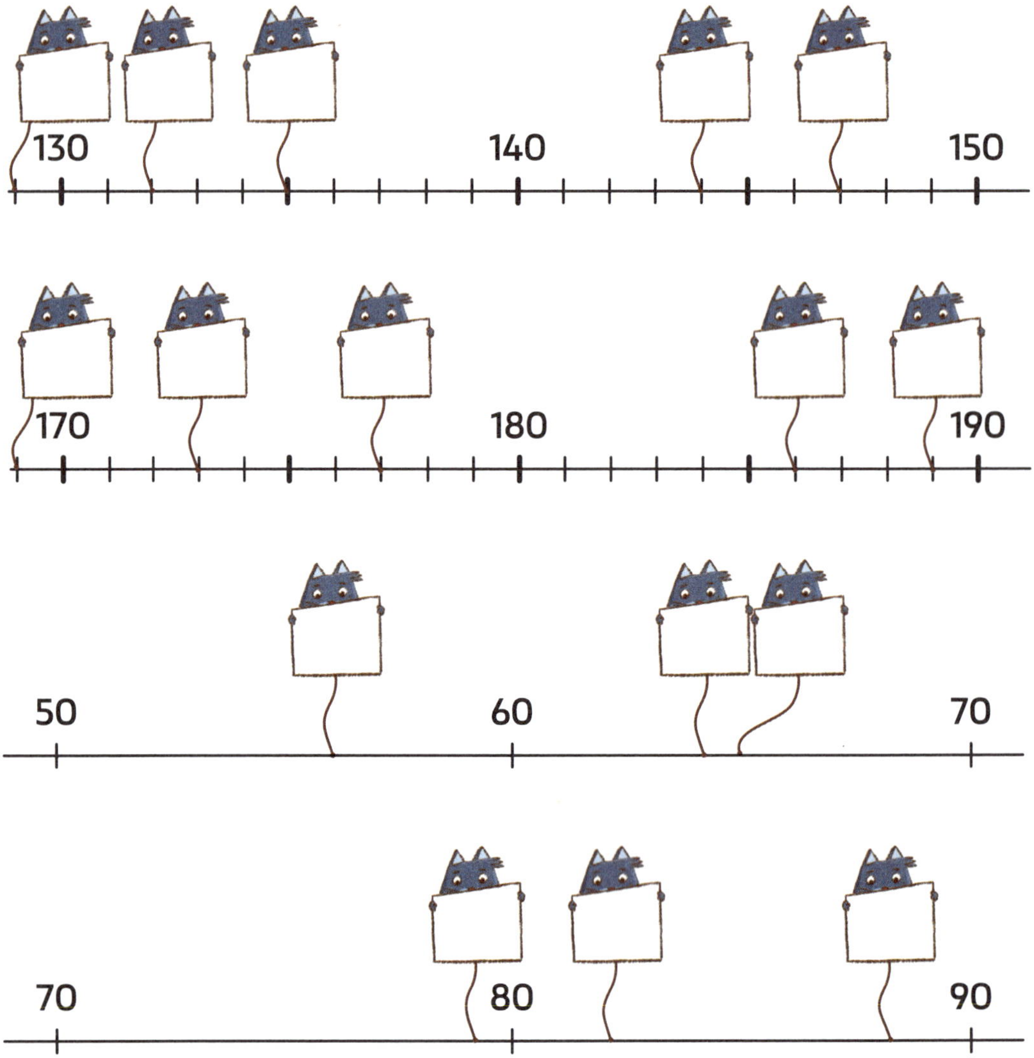

2 **Relie** les nombres à leur place sur la droite numérique.

Les nombres de 0 à 199 : comparer et ranger des nombres

1 Complète avec le signe qui convient.

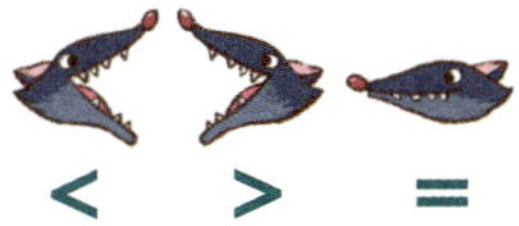

159 .... 195 117 .... 177 190 170

162 .... 108 109 .... 96 142 124

123 .... 150 134 .... 181 173 130

2 Écris le nombre qui vient avant et celui qui vient après.

	163	

	152	

	130	

	109	

	179	

	146	

3 Range les nombres dans l'ordre décroissant :

156 - 179 - 98 - 111 - 124 - 154.

Les nombres de 0 à 199 : intercaler et encadrer des nombres à trois chiffres

1 **Colorie** les nombres qui encadrent le nombre en bleu et **complète**.

155	156	157	158	159	160	161	162	163	164	165	166	167	168

.... < 157 < ....

185	186	187	188	189	190	191	192	193	194	195	196	197	198

.... < 196 < ....

115	116	117	118	119	120	121	122	123	124	125	126	127	128

.... < 121 < ....

2 **Encadre** les nombres.

.... < 186 < ....

.... < 111 < ....

.... < 147 < ....

.... < 133 < ....

.... < 124 < ....

.... < 101 < ....

3 **Intercale** les nombres.

152 < .... < 154

147 < .... < 149

169 < .... < 171

180 < .... < 182

195 < .... < 197

104 < .... < 106

Les nombres de 0 à 199 : intercaler et encadrer des nombres entre deux dizaines

1 **Colorie** les deux dizaines consécutives qui encadrent le nombre en bleu et **complète**.

138	139	140	141	142	143	144	145	146	147	148	149	150	151

.... < 141 < ....

177	178	179	180	181	182	183	184	185	186	187	188	189	190

.... < 187 < ....

159	160	161	162	163	164	165	166	167	168	169	170	171	172

.... < 165 < ....

2 **Relie** les nombres entre les bonnes dizaines.

Les nombres de 0 à 199 : intercaler et encadrer entre deux dizaines

1 **Encadre** entre deux dizaines qui se suivent.

.... < 127 <	.... < 149 <	.... < 106 < ....
.... < 164 <	.... < 172 <	.... < 181 < ....
.... < 193 <	.... < 115 <	.... < 158 < ....

2 **Colorie** selon le code.

Entre 130 et 140	Entre 140 et 150	Entre 150 et 160	Entre 160 et 170	Entre 170 et 180	Entre 180 et 190

Les nombres de 0 à 999 : lire et écrire des nombres

1 Complète.

....	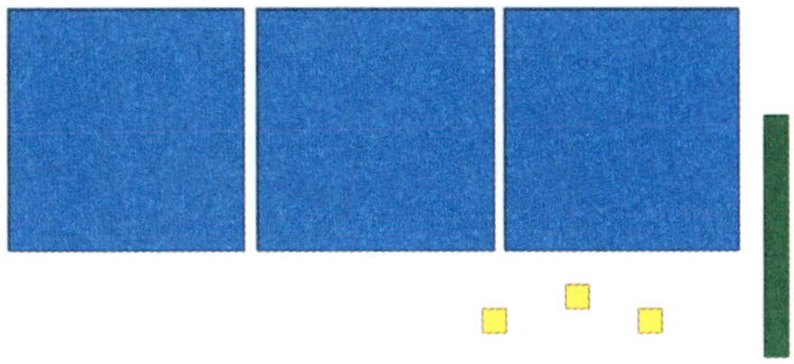	.... + ... + ...
....		600 + 40 + 2
471		.... + ... + ...
....		200 + 20 + 8
194		.... + ... + ...

1 La maman de Nathan doit payer **473 €** pour son inscription au volley. **Aide**-la à remplir le chèque.

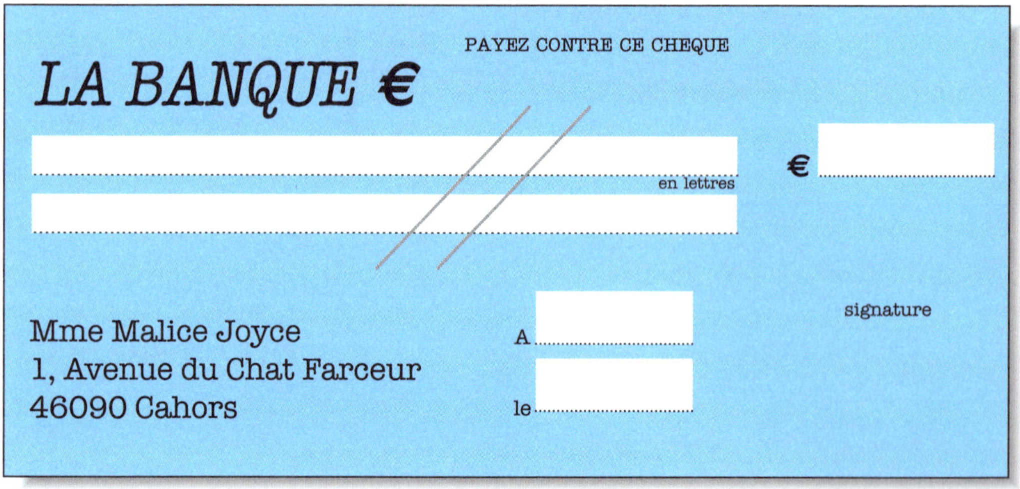

2 **Colorie** de la même couleur les étiquettes du même nombre.

536

702

70 + 200

deux-cent-soixante-dix

365

500 + 30 + 6

sept-cent-deux

270

cinq-cent-trente-six

60 + 300 + 5

700 + 2

trois-cent-soixante-cinq

1 **Compte** le nombre d'œufs et **complète**.

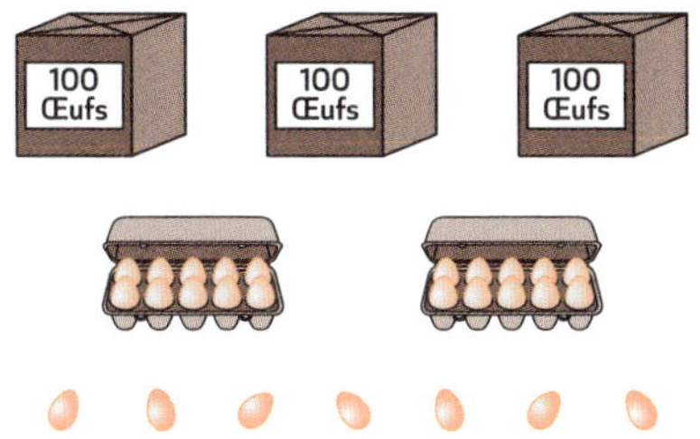

....

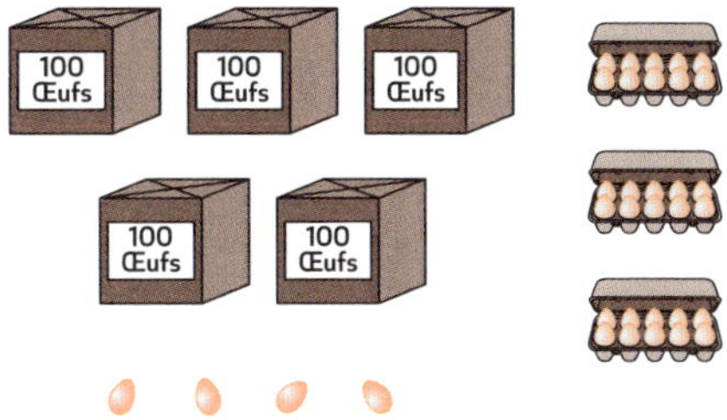

....

2 **Représente** les nombres avec la base **10**.

251

409

Les nombres de 0 à 999 : représenter des nombres

1 **Dessine** l'argent contenu dans chaque tirelire.

326 €

852 €

2 **Compte** la monnaie et **complète**.

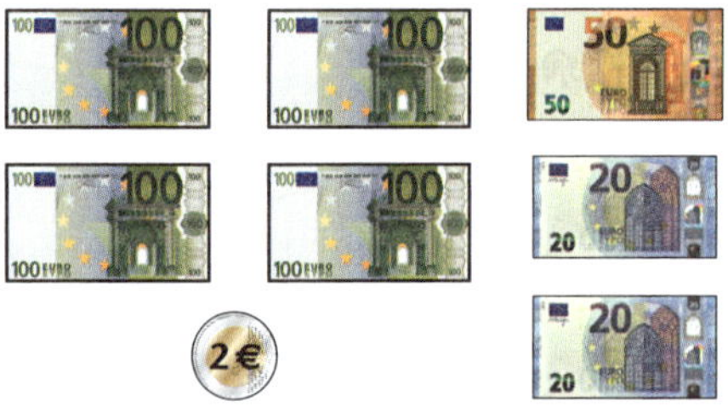

....

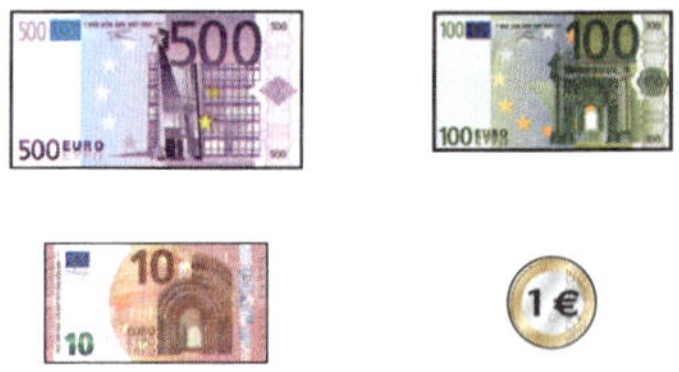

....

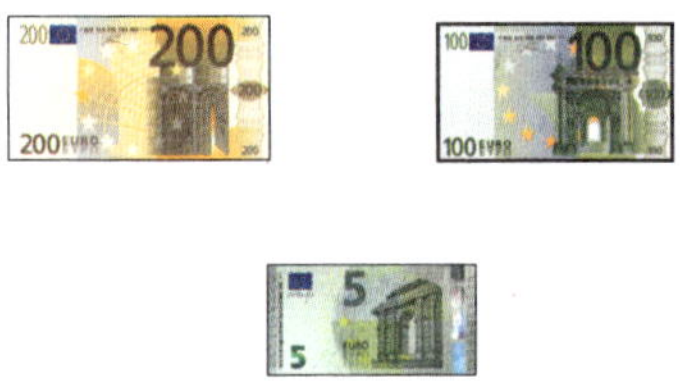

....

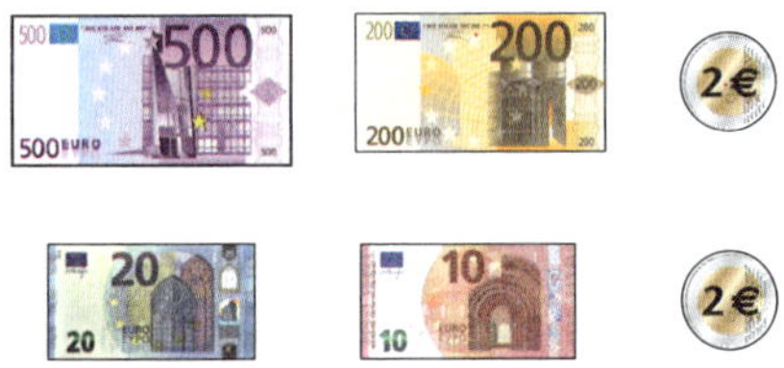

....

1 **Réponds** aux questions.

- Quel est le rang de Pimpin ? ....
- Quel est le rang de Moustache ? ....
- Quel animal est **4e** ? ....
- Quel animal est **7e** ? ....

2 **Réponds** aux questions.

- Quel est le rang de Pimpin ? ....
- Quel est le rang de Moustache ? ....

Pimpin double celui devant lui.

- Quel est son rang maintenant ? ....

Moustache trébuche et perd **2** rangs.

- Quelle est sa nouvelle position ? ....

Repérer un rang ou une position dans une file

1 **Réponds** aux questions.

L'écureuil est en **49**ᵉ position.

- Quel est le rang de Pimpin ? ....
- Quel est le rang de Moustache ? ....
- Quel animal est en **50**ᵉ position ? ....
- Quel animal est en **58**ᵉ position ? ....

2 **Réponds** aux questions.

Le renard est le **72**ᵉ.

- Quel est le rang de Pimpin ? ....
- Quel est le rang de Moustache ? ....

Moustache double celui devant lui.

- Quel est son rang maintenant ? ....

Pimpin s'arrête pour boire et perd **3** rangs.

- Quelle est sa nouvelle position ? ....

Les nombres de 0 à 999 : comparer et ranger des nombres

1 Barre le nombre le plus petit.

265	214
576	166
389	741
691	206
348	52
109	233
454	544
957	579
112	113

2 Écris le nombre qui vient avant et celui qui vient après.

	548	
	479	
	682	
	324	
	760	
	855	

3 Range les nombres dans l'ordre croissant :

456 - 329 - 592 - 642 - 526 - 443.

Les nombres de 0 à 999 : comparer et ranger des nombres

1 Complète avec le signe qui convient.

< > =

591 195	317 277	952 952
620 811	910 906	462 824
230 150	341 189	673 99

2 Complète avec un nombre de ton choix.

625 >	704 >	520 > ....
235 <	.... < 926	387 < ....
597 <	.... > 411	.... < 802

3 Range les nombres dans l'ordre croissant :

926 - 629 - 632 - 542 - 96 - 528.

Les nombres de 0 à 999 : encadrer des nombres

1 **Colorie** les nombres qui encadrent le nombre en bleu et **complète**.

828	829	830	831	832	833	834	835	836	837	838	839	840	841

.... < 832 < ....

397	398	399	400	401	402	403	404	405	406	407	408	409	410

.... < 406 < ....

555	556	557	558	559	560	561	562	563	564	565	566	567	568

.... < 567 < ....

2 **Encadre** les nombres.

.... < 864 < ....

.... < 112 < ....

.... < 523 < ....

.... < 279 < ....

.... <147 < ....

.... < 335 < ....

.... < 959 < ....

.... < 598 < ....

.... < 240 < ....

.... < 601 < ....

.... < 784 < ....

.... < 608 < ....

Les nombres de 0 à 999 : intercaler et encadrer des nombres entre deux dizaines

1 **Colorie** deux dizaines consécutives qui encadrent le nombre en bleu et **complète**.

738	739	740	741	742	743	744	745	746	747	748	749	750	751

.... < 741 < ....

399	400	401	402	403	404	405	406	407	408	409	410	411	412

.... < 409 < ....

667	668	669	670	671	672	673	674	675	676	677	678	679	680

.... < 673 < ....

2 **Relie** les nombres entre les bonnes dizaines.

569 542 537 559 575

530 540 550 560 570 580

551 538 563 545 574

Les nombres de 0 à 999 : intercaler des nombres à 3 chiffres

1 **Intercale** un nombre.

523 < .... < 525

787 < .... < 789

225 < .... < 227

256 > .... > 254

672 > .... > 670

439 < .... < 441

391 > .... > 389

802 < .... < 804

943 > .... > 941

578 > .... > 576

2 **Intercale** un nombre de ton choix entre les dizaines.

250 < .... < 260

920 < .... < 930

780 < .... < 790

440 > .... > 420

370 > .... > 350

820 > .... > 800

530 > .... > 510

130 < .... < 150

600 > .... > 580

410 > .... > 390

3 **Colorie** la chenille selon le code couleur.

350 < ... < 360 | 360 < ... < 370 | 370 < ... < 380 | 380 < ... < 390

Intercaler et encadrer un nombre entre deux centaines

1 Intercale un nombre de ton choix entre les centaines.

500 < .... < 600	200 > .... > 100	500 > .... > 400
700 < .... < 800	400 > .... > 300	600 < .... < 700
200 < .... < 300	800 < .... < 900	700 > .... > 600

2 Colorie selon le code.

Entre 100 et 200	Entre 200 et 300	Entre 300 et 400	Entre 400 et 500	Entre 500 et 600	Entre 600 et 700

1 **Colorie** ce qui fait 1 000.

mille	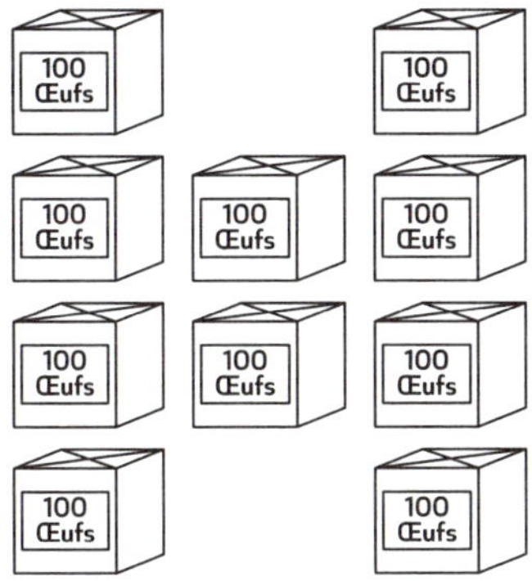	
1 000	neuf-cent-quatre-vingt-dix-neuf	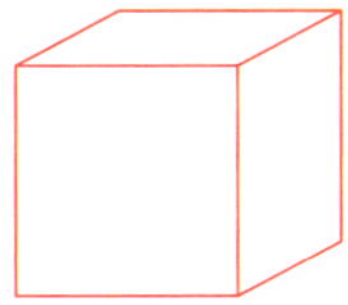
		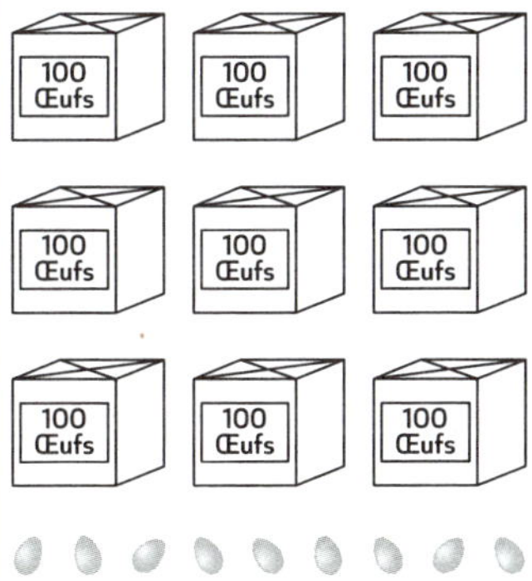
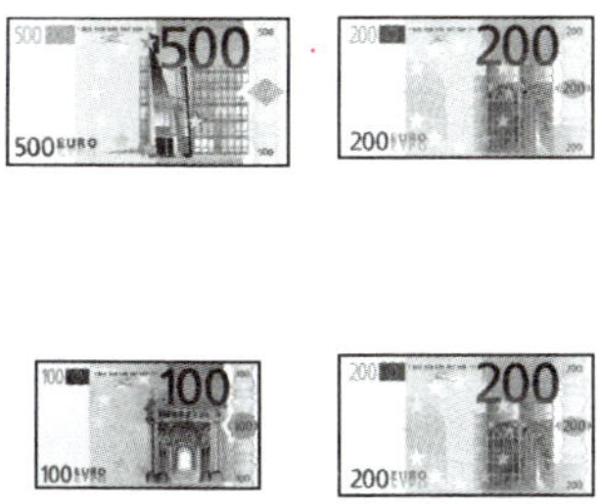	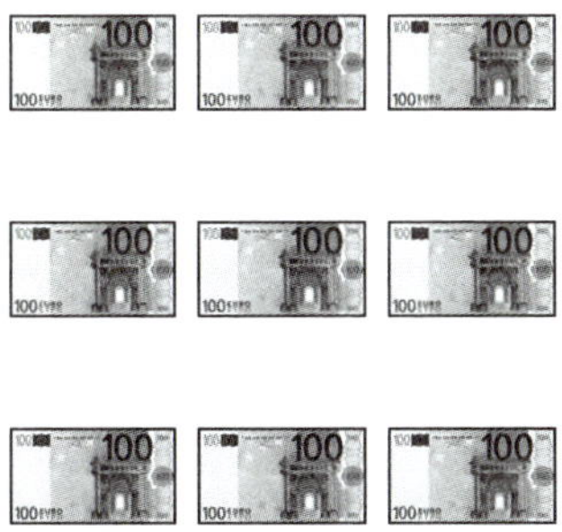	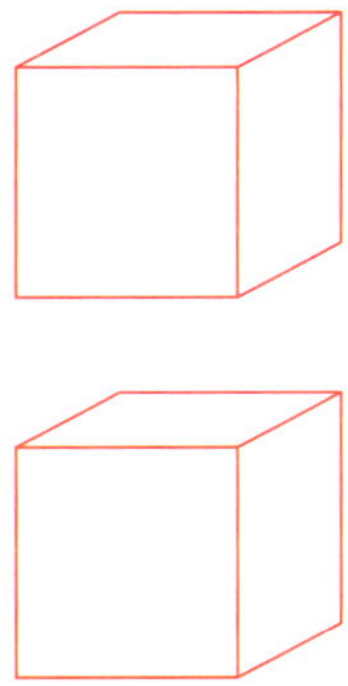

1 **Compte** les points de chacun.

Noah

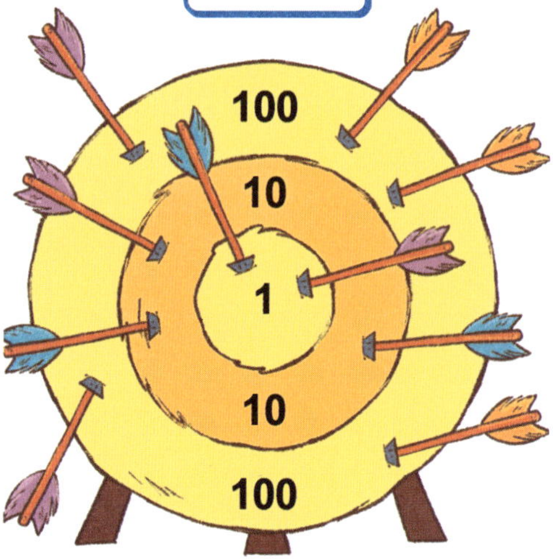

.... points

Lizzie

.... points

Qui a gagné ? ....

2 **Dessine** les flèches au bon endroit.

Jeanne

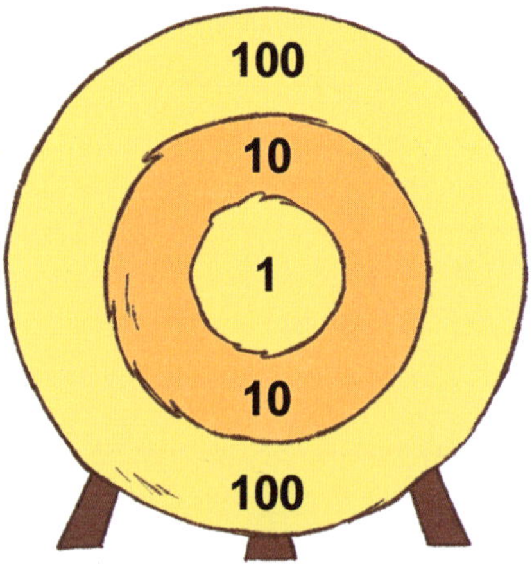

706 points

Léo

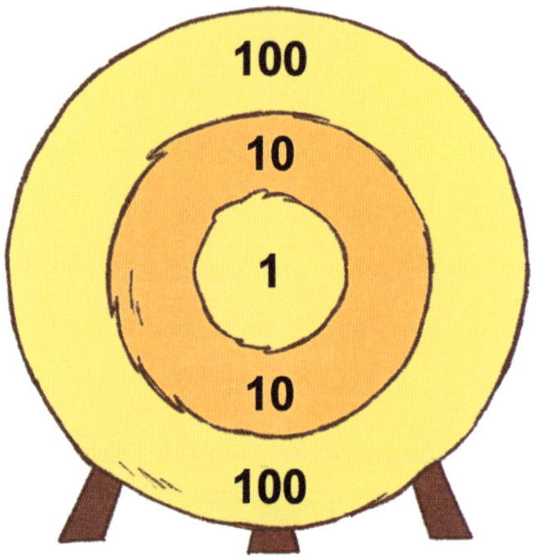

213 points

1 **Complète** cette grille pour trouver les nombres mystères.

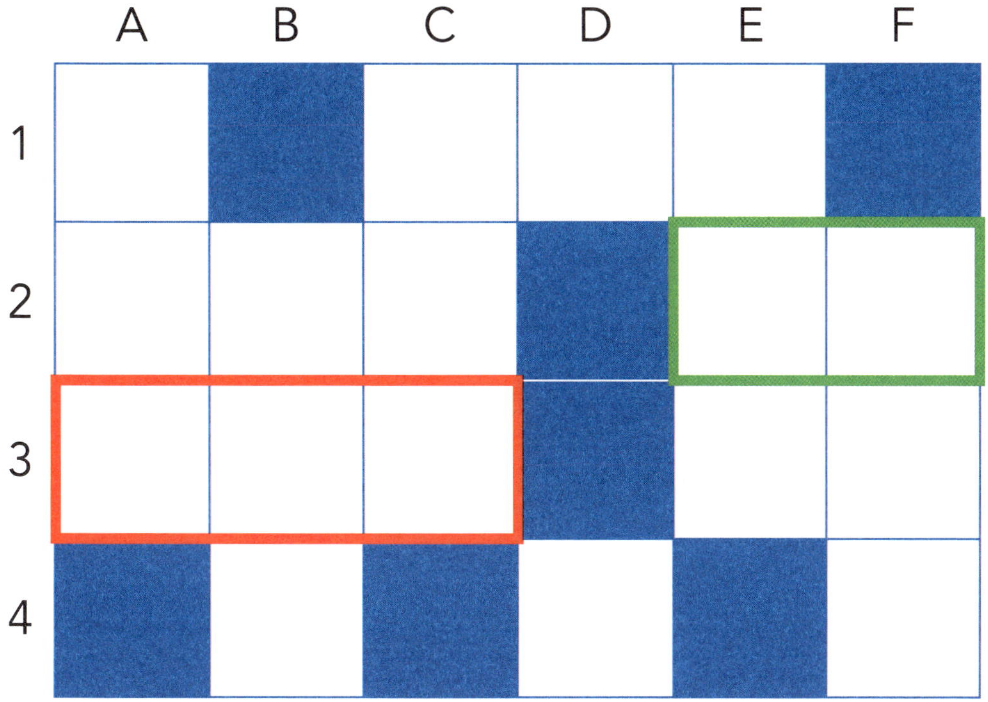

Horizontalement

1 : la moitié de 18 / 7 dizaines, 4 centaines et 8 unités

2 : 

3 : le double de 30

Le nombre mystère est : ....

Le nombre mystère est : ....

Verticalement

A : 2 unités, 9 centaines et 5 dizaines

B : six-cent-quatre-vingt-deux

C : 

D : la moitié de 14 / la moitié de 16

E : le nombre qui vient juste après 895

F : sept-cent-quatre

1 **Relie** les nombres de **10** en **10** à partir de **5**.

1 **Aide** Pimpin à **reculer** et **avancer** sur la droite numérique et **complète** le calcul.

3 + 5 = ...

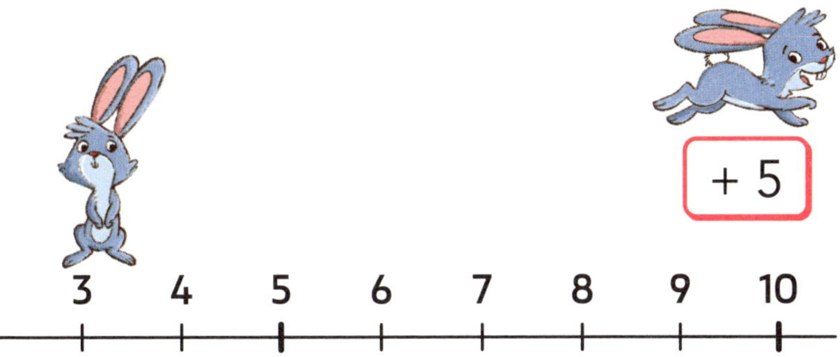

7 – 4 = ...

2 **Calcule** à l'aide de la droite numérique.

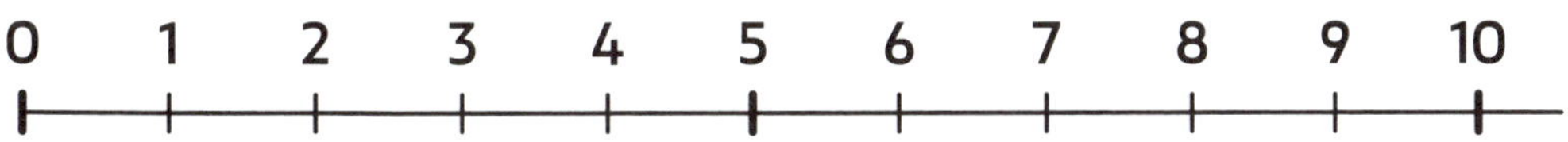

6 – 3 = ...

4 + 6 = ...

8 – 4 = ...

9 – 7 = ...

7 + 2 = ...

3 + 5 = ...

7 – 7 = ...

2 + 6 = ...

1 Ajoute ou enlève.

5 + 1 = ...

7 – 2 = ...

3 + 4 = ...

6 – 2 = ...

8 – 4 = ...

4 + 3 = ...

2 Écris le signe qui convient : = ou ≠.

5 + 1 9

6 .... 3 + 3

4 – 2 5

5 + 2 .... 2 + 3

6 – 1 .... 7 – 2

7 .... 7 + 0

5 .... 6 – 2

6 + 2 8

6 – 3 .... 4 + 1

7 + 1 .... 9 – 1

Ancrer les tables avec les additions connues

1 **Barre** les calculs faux.

5 + 1 = 7	4 + 1 = 5	4 + 4 = 7
3 + 3 = 6	5 + 2 = 6	5 + 4 = 9
3 + 5 = 9	7 + 1 = 8	5 + 2 = 7
5 + 4 = 8	4 + 4 = 8	2 + 2 = 4

2 **Calcule.**

2 + ... = 4	4 + 4 = ...	2 + 1 = ...
3 + 1 = ...	5 + 5 = ...	6 + ... = 7
5 + 3 = ...	4 + ... = 5	5 + 2 = ...

3 **Problème**

Marie et Mila jouent à la cible. Marie a tiré les flèches bleues et Mila les violettes. **Qui a gagné ?**

Phrase réponse : ....

....

Comprendre la commutativité de l'addition

1 **Écris** les calculs possibles.

.... + ... = ...

.... + ... = ...

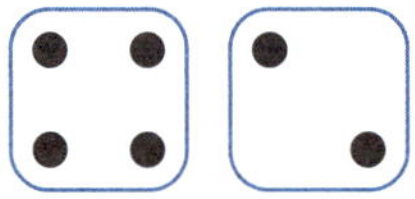

.... + ... = ...

.... + ... = ...

.... + ... + ... = ...

.... + ... + ... = ...

.... + ... + ... = ...

.... + ... + ... = ...

.... + ... + ... = ...

.... + ... + ... = ...

2 **Observe** et **complète** avec **=** ou **≠**.

5 + 1 .... 1 + 5

4 + 3 .... 3 + 5

2 + 3 + 4 .... 4 + 1 + 3

5 + 1 + 2 .... 2 + 1 + 5

3 **Calcule** en mettant le plus grand nombre dans ta tête.

2 + 8 = ...

3 + 6 = ...

7 + 2 = ...

1 + 6 = ...

4 + 5 = ...

5 + 3 = ...

1 **Complète** les cases blanches.

+	0	1	2	3	4	5	6	7	8	9	10
0	0	1	2	3	4	....	6	7	8	9	10
1	1	2	....	4	5	6	7	8	9	10	....
2	2	3	4	5	6	7	8	9	....	11	12
3	....	4	5	....	7	8	9	10	11	12	13
4	4	5	6	7	8	....	10	11	12	....	14
5	5	6	....	8	9	10	....	12	13	14	15
6	6	7	8	9	10	11	12	13	14	15	....
7	....	8	9	10	11	12	13	14	15	16	17
8	8	9	10	11	....	13	14	15	16	17	18
9	9	....	11	12	13	14	15	16	17	18	19
10	10	....	12	13	14	15	16	....	18	19	20

2 **Complète** les pyramides.

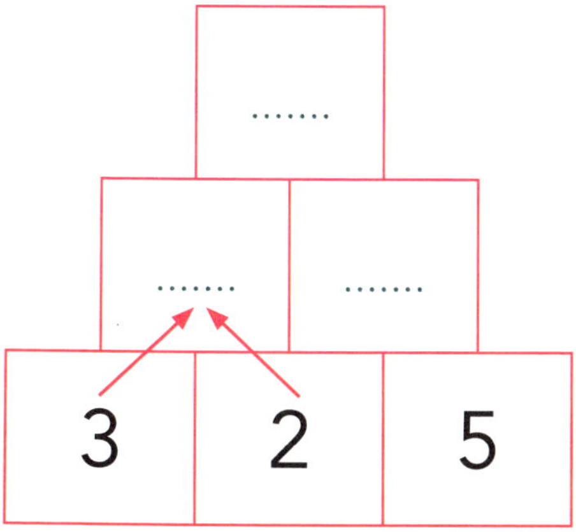

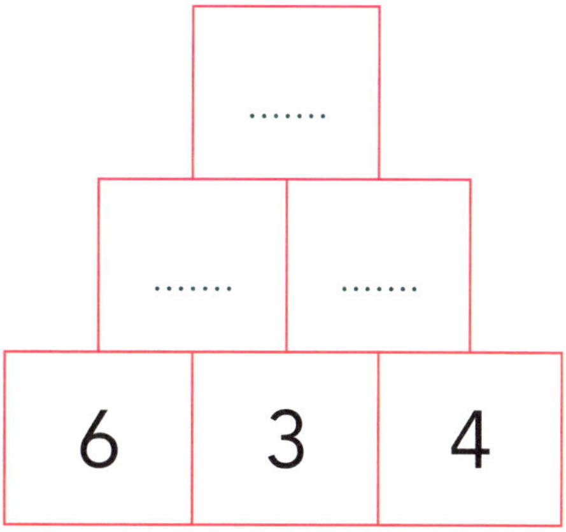

Comprendre et manipuler le tableau d'addition

1 Écris plusieurs calculs possibles.

9

.... + ...	.... + ...
.... + ...	.... + ...
.... + ...	.... + ...
.... + ...	.... + ...

13

.... + ...	.... + ...
.... + ...	.... + ...
.... + ...	.... + ...
.... + ...	.... + ...

2 Barre ce qui est faux.

5 + 6 = 11	9 + 6 = 15	4 + 7 = 11	9 + 8 = 17
7 + 5 = 13	8 + 7 = 16	2 + 9 = 12	6 + 8 = 14
8 + 4 = 12	3 + 9 = 12	7 + 6 = 13	5 + 9 = 13

3 Problème

8 oiseaux sont posés sur une branche.
5 les rejoignent.
Combien y a-t-il d'oiseaux maintenant ?

Phrase réponse : ....

Connaitre les compléments à 10

1 **Colorie** deux à deux de la même couleur les nombres et leur complément à **10**. **Entoure** l'intrus.

Qui est l'intrus ?		
8	6	9
4	5	7
1	3	2

Qui est l'intrus ?		
1	6	5
9	5	7
4	3	8

2 **Barre** les calculs faux.

4 + 6 = 10	5 + 5 = 10	8 + 1 = 10	10 – 6 = 4
7 + 2 = 10	3 + 7 = 10	9 + 1 = 10	10 – 4 = 5
1 + 9 = 10	6 + 3 = 10	7 + 3 = 10	10 – 8 = 2
8 + 2 = 10	2 + 9 = 10	6 + 6 = 10	10 – 7 = 4

3 **Problème**

Il y a **10** poissons dans l'aquarium.
Combien sont cachés par Moustache ?

Phrase réponse : ....

....

1 **Change** l'ordre des nombres et **entoure** ce qui fait **10**. Puis **calcule**.

Exemple : 6 + 3 + 4 = [6 + 4] + 3 = 13

2 + 3 + 7 = [....... + ...] + ... = ...

1 + 9 + 8 = ... + ... + ... = ...

8 + 5 + 2 = ... + ... + ... = ...

3 + 5 + 5 = ... + ... + ... = ...

2 **Décompose** les nombres et **entoure** ce qui fait **10**. Puis **calcule**.

Exemple : 9 + 5 = [9 + 1] + 4 = 14

8 + 6 = [....... + ...] + ... = ...

6 + 9 = ... + ... + ... = ...

7 + 8 = ... + ... + ... = ...

3 **Problème**

Mathieu et Lizzie jouent à la cible. Mathieu a tiré les flèches violettes et Lizzie les bleues. **Qui a gagné ?**

Phrase réponse : ....

Connaître les compléments à la dizaine supérieure

1 **Colorie** les nombres deux à deux pour faire **50**.

43 6 2 45 44

8 48 49 5

9 7 42 41

47 3 1

2 **Calcule**.

63 + ... = 70	41 + ... = 50	55 + ... = 60
28 + ... = 30	57 + ... = 60	16 + ... = 20
14 + ... = 20	32 + ... = 40	39 + ... = 40

3 **Problème**

Éthan dépense **36 €** dans les souvenirs qu'il veut rapporter de Paris.
Il donne **40 €** à la caissière.
Combien lui rendra-t-elle ?

Phrase réponse : ....

....

Connaître les compléments à la dizaine supérieure

1 Colorie selon le code couleur.

5	6	7	8	9

2 Problème

Pimpin a ramassé **52** carottes dans son jardin.
Combien doit-il encore en ramasser pour en avoir 60 ?

Phrase réponse : ....

Construire les doubles et les moitiés jusqu'à 20

1 **Barre** les calculs faux.

3 + 3 = 7	6 + 6 = 12	2 + 2 = 4	5 + 5 = 10
1 + 1 = 2	7 + 7 = 14	9 + 9 = 19	8 + 8 = 16
4 + 4 = 8	9 + 9 = 18	3 + 3 = 6	5 + 5 = 11
6 + 6 = 14	8 + 8 = 15	7 + 7 = 12	10 + 10 = 20

2 **Colorie** deux à deux de la même couleur le calcul et son résultat. **Entoure** l'intrus.

Qui est l'intrus ?		
La moitié de 12	8	La moitié de 16
9	La moitié de 14	6
La moitié de 18	5	7

Qui est l'intrus ?		
Le double de 8	12	Le double de 6
Le double de 7	Le double de 9	14
18	16	8

3 Problème

Il y avait **18** poissons dans l'aquarium.
Moustache en a mangé la moitié.
Combien en reste-t-il ?

Phrase réponse : ....

1 **Change** l'ordre des nombres et **entoure** les doubles.
Puis **calcule**.

Exemple : 6 + 5 + 6 = 6 + 6 + 5 = 17

3 + 6 + 3 = ... + ... + ... = ...

7 + 7 + 5 = ... + ... + ... = ...

4 + 8 + 8 = ... + ... + ... = ...

9 + 2 + 9 = ... + ... + ... = ...

2 **Décompose** les nombres et **entoure** les doubles.
Puis **calcule**.

Exemple : 8 + 9 = 8 + 8 + 1 = 17

7 + 6 = ... + ... + ... = ...

6 + 5 = ... + ... + ... = ...

7 + 8 = ... + ... + ... = ...

3 **Problème**

Arthur et Tim jouent à la cible.
Arthur a tiré les flèches bleues et Tim les violettes. **Qui a gagné ?**

Phrase réponse : ....

....

1 **Barre** les calculs faux.

15 + 15 = 30	13 + 13 = 26	14 + 14 = 28
11 + 11 = 21	12 + 12 = 20	15 + 15 = 20
14 + 14 = 28	13 + 13 = 25	12 + 12 = 24

2 **Colorie** deux à deux de la même couleur le calcul et son résultat. **Entoure** l'intrus.

Qui est l'intrus ?		
La moitié de 28	13	La moitié de 24
15	La moitié de 26	12
La moitié de 22	14	11

Qui est l'intrus ?		
Le double de 11	28	Le double de 14
Le double de 12	Le double de 15	30
21	22	24

3 **Problème**

Il y avait **28** poissons dans l'aquarium.
Moustache en a mangé la moitié.
Combien en reste-t-il ?

Phrase réponse : ....

1 Barre les calculs faux.

30 + 30 = 60	25 + 25 = 40	20 + 20 = 40
20 + 20 = 30	15 + 15 = 30	30 + 30 = 70
50 + 50 = 100	40 + 40 = 80	25 + 25 = 50

2 Complète ces phrases avec : *le double* ou *la moitié*.

20 est .... de 10.

50 est .... de 100.

25 est .... de 50.

80 est .... de 40.

15 est .... de 30.

3 Problème

Pimpin a ramassé **30** carottes dans son jardin.
Il en mange la moitié au dîner.
Combien lui en reste-t-il ?

Phrase réponse : ....

1 **Colorie** selon le code couleur.

50	60	70	80	90

2 Problème

Romain a **80 €** dans sa tirelire.
Il achète une montre à **30 €**.
Combien lui reste-t-il ?

Phrase réponse : ....

1 Complète.

50 + 20 + ... = 80	30 + 10 + ... = 60
20 + ... + 20 = 70	.... + 10 + 20 = 80
10 + 10 + ... = 70	10 + ... + 20 = 50
30 + 10 + ... = 70	10 + 20 + ... = 60

2 Colorie les calculs justes.

53 + 20 = 73	32 + 30 = 52	18 + 40 = 58
27 + 50 = 75	64 – 20 = 84	49 – 20 = 29
77 – 40 = 37	51 – 30 = 61	25 + 40 = 72

3 Problème

Maëlys et Lyséa viennent en aide à la fermière. L'une a ramassé **40** œufs et l'autre **20**.

Combien ont-elles ramassé d'œufs en tout ?

Phrase réponse : ....

....

1 **Fais** les bonds de Pimpin pour compter plus vite.

34 + 8 = 42

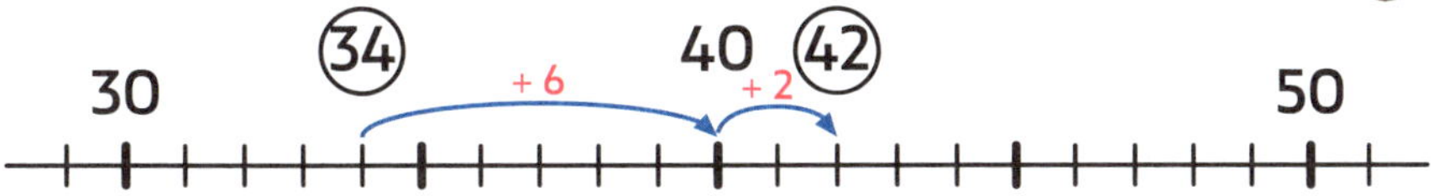

46 + ... = 54

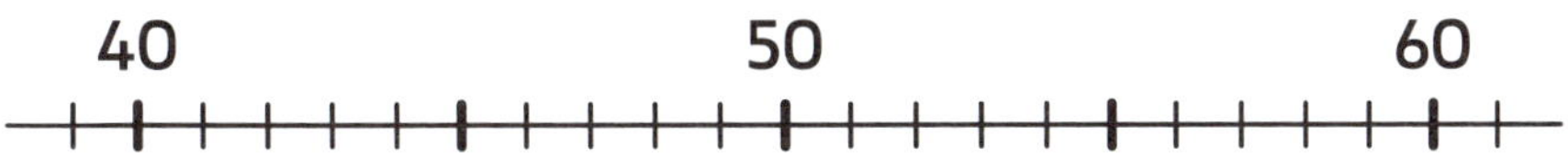

53 + ... = 65

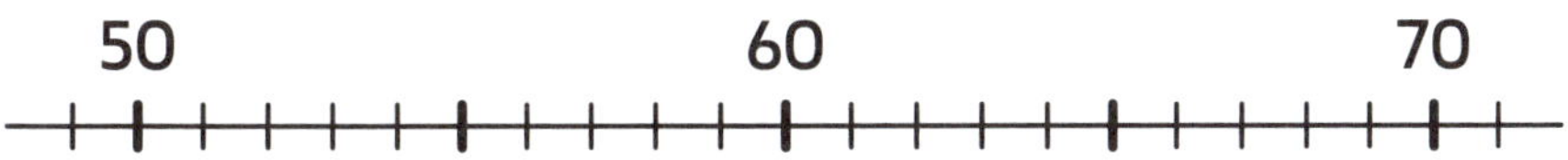

2 Problème

Juliette collectionne des images d'animaux. Elle en a **68**. Pour finir sa collection, il lui en faut **75**.
Combien lui en manque t-il ?

Phrase réponse : ....

1 **Écris** les calculs possibles.

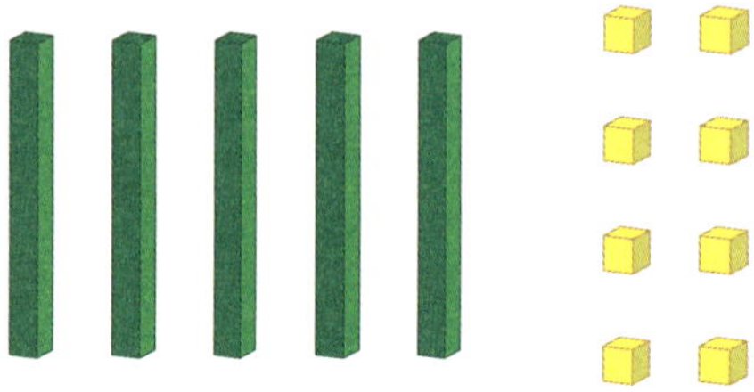

......

...... + ... = ...

...... + ... = ...

...... − ...... = ...

...... − ...... = ...

....

......

...... + ... = ...

...... + ... = ...

...... − ...... = ...

...... − ...... = ...

....

2 **Problème**

Il y avait **78** abeilles dans la ruche. **8** sont sorties.

Combien en reste-t-il ?

Phrase réponse : ....

Calculer une opération à l'aide de l'arbre de calcul

1 Complète ces arbres de calcul.

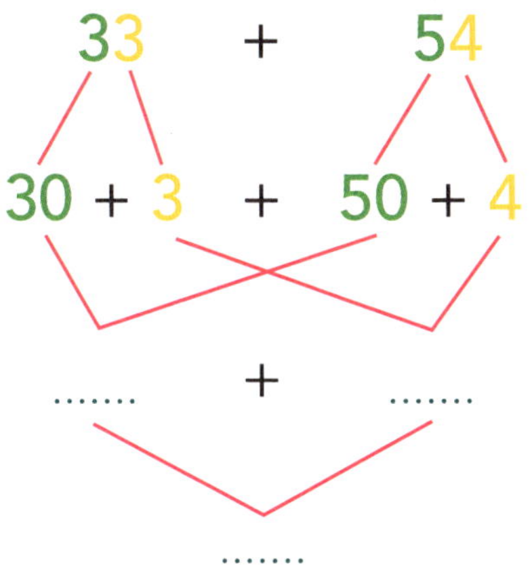

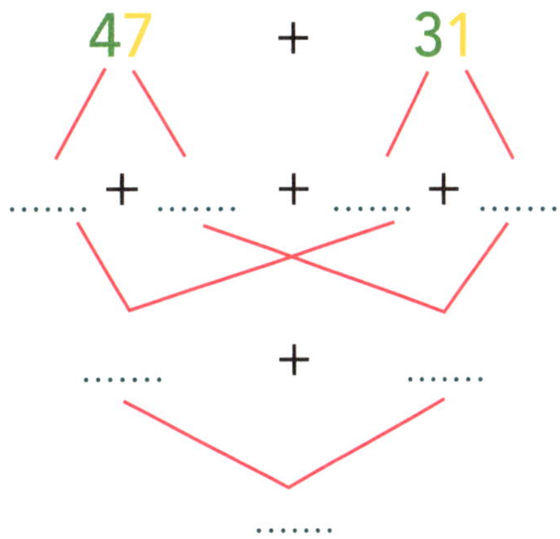

2 Complète le tableau.

+	32	13	21	43
46				
25				
54				

3 Problème

Basti collectionne des images d'animaux. Il en a **35**. Sa maman lui en achète **44**.
Combien en a-t-il maintenant ?

Phrase réponse : ....

Calculer une opération à l'aide de l'arbre de calcul

1 **Complète** ces arbres de calcul.

18 + 64

10 + 8 + 60 + 4

.... + ...

....

47 + 24

.... + ... + ... + ...

.... + ...

....

26 + 57

.... + ... + ... + ...

.... + ...

....

26 + 52

.... + ... + ... + ...

.... + ...

....

2 **Problème**

Pimpin a ramassé
47 carottes dans son jardin.
Il en ramasse **12** de plus.
Combien a-t-il de carottes ?

Phrase réponse : ....

....

Calculer une addition et une soustraction posées sans retenue

1 Calcule.

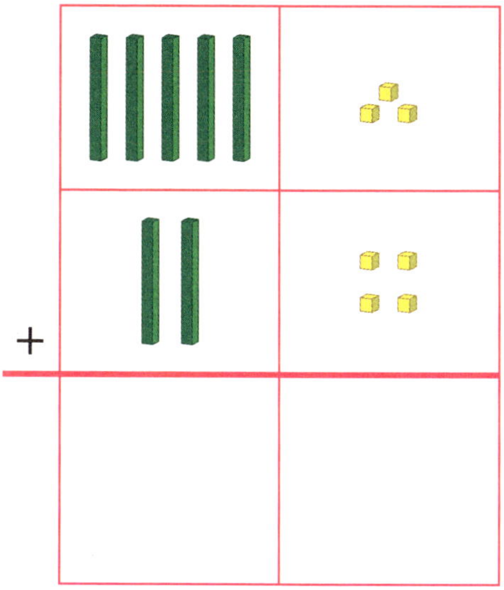

53 + 24 = ...

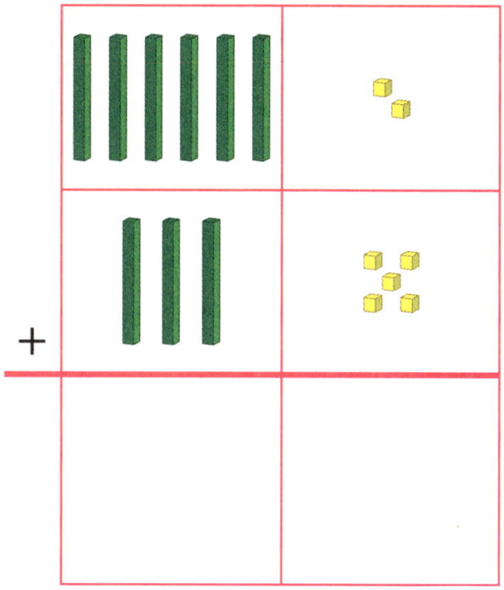

62 + 35 = ...

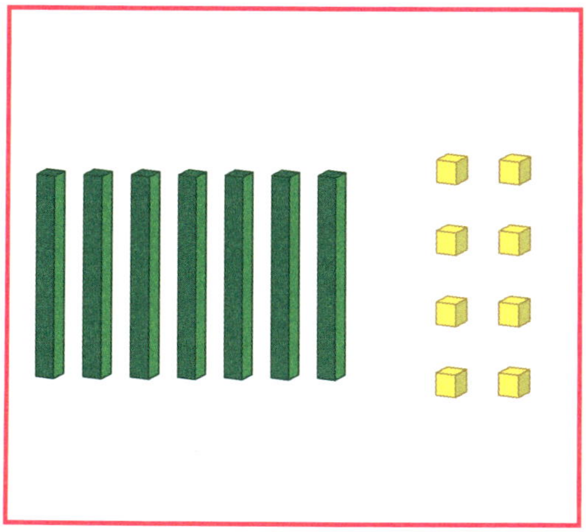

78 – 32 = ...

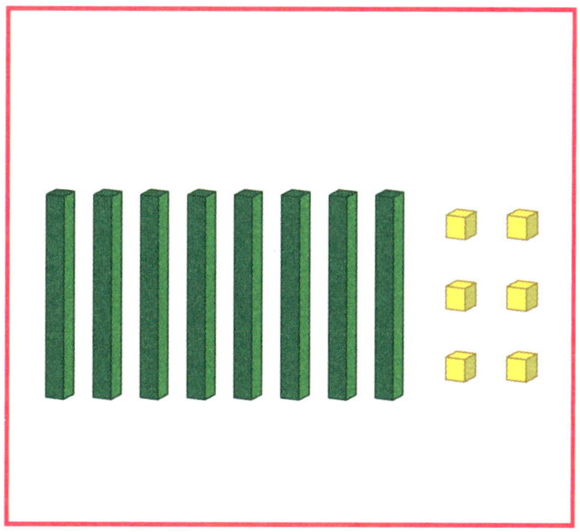

86 – 43 = ...

Calculer une addition et une soustraction posées sans retenue

1 Calcule.

	4	8
+	2	1
	.....	.....

	5	6
–	1	3
	.....	.....

	3	5
+	4	0
	.....	.....

	8	9
–	4	7
	.....	.....

	7	2
+	1	6
	.....	.....

	3	5
+		2
+	4	0
	.....	.....

	6	4
–	3	2
	.....	.....

	8	7
–		6
	.....	.....

	6	5
+	2	4
	.....	.....

2 Problème

Jeanne et sa classe partent en sortie scolaire dans une grotte. Pour chaque élève, l'école devra payer **53 €** de bus et **16 €** de sortie.

Combien cette sortie va-t-elle coûter par élève ?

Phrase réponse : ....

Poser et calculer une addition et une soustraction sans retenue

1 Représente avec la base **10**, puis **calcule**.

+	

$52 + 16 =$ ....

$84 - 41 =$ ....

+	

$47 + 51 =$ ....

$95 - 33 =$ ....

Poser et calculer une addition et une soustraction sans retenue

1 Pose et calcule.

72 + 25

56 – 42

35 – 14

3 + 15 + 31

87 – 53

41 + 8

2 Problème

Basti et sa famille partent à la fête foraine. Ils vont payer **45 €** pour les tickets des manèges et **52 €** pour le restaurant.

Combien vont-ils payer en tout ?

Phrase réponse : ....

1 Calcule.

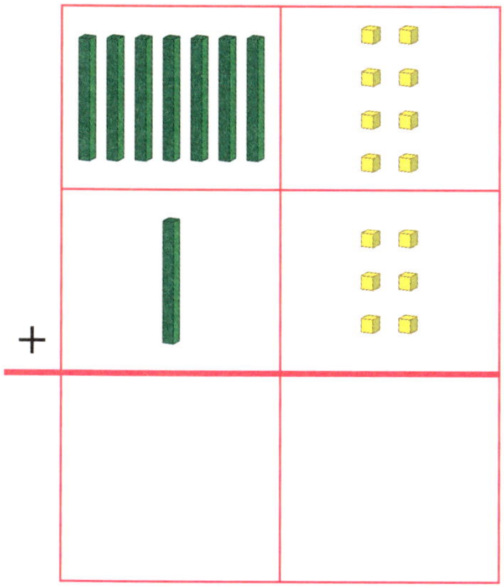

78 + 16 = ...

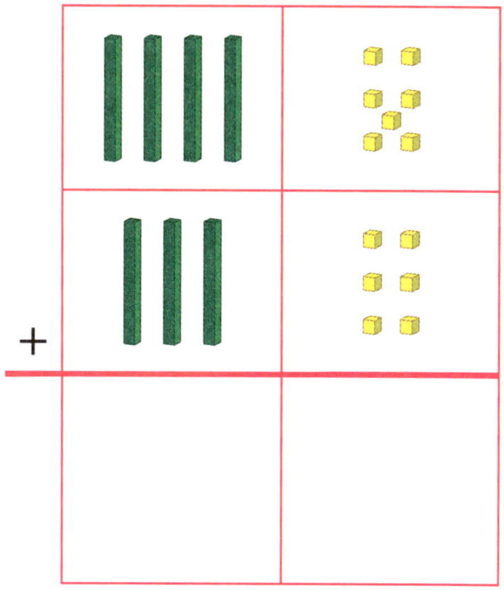

47 + 36 = ...

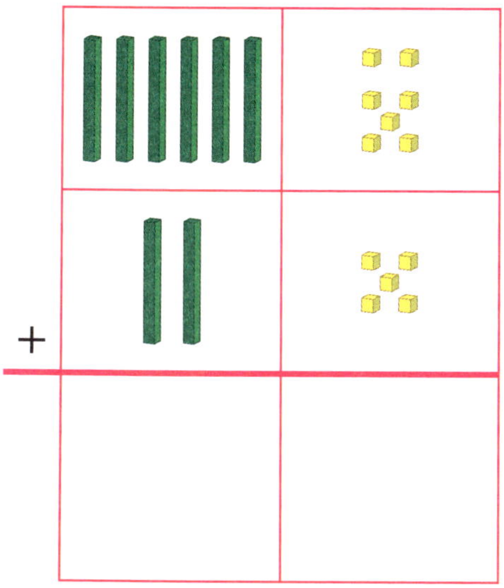

67 + 25 = ...

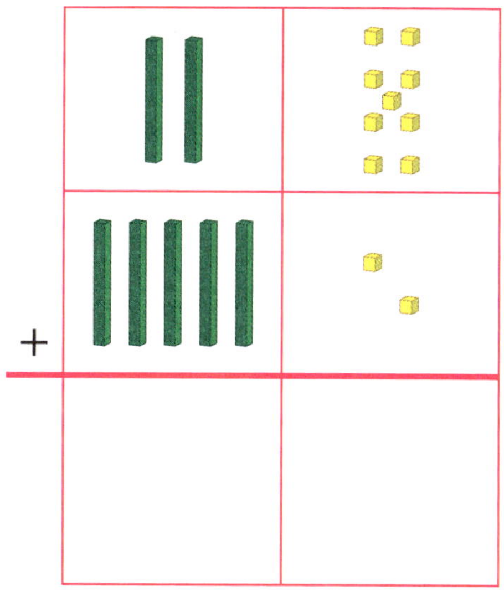

29 + 52 = ...

1 **Représente** avec la base **10**, puis **calcule**.

46 + 17 = ...

64 + 28 = ...

53 + 39 = ...

76 + 9 = ...

1 Pose et calcule.

64 + 29

56 + 45

38 + 16

47 + 26

8 + 54

45 + 8 + 7

2 Problème

Mathieu et sa famille partent en week-end à Paris. Ils doivent payer **64 €** pour visiter la tour Eiffel et **29 €** pour les entrées au Muséum d'histoire naturelle.

Combien vont-ils payer en tout ?

Phrase réponse : ....

1 Pose et calcule.

67 + 19	52 + 16 + 8	7 + 65
46 + 38	75 + 17	29 + 46

2 Problème

Juliette et sa famille partent en week-end à Marseille. Ils doivent payer **25 €** de bateau pour rejoindre une île et **69 €** de restaurant.
Combien vont-ils payer en tout ?

Phrase réponse : ....

Comprendre l'addition réitérée et la commutativité

1 **Écris** l'addition correspondant au dessin et **calcule**.

....

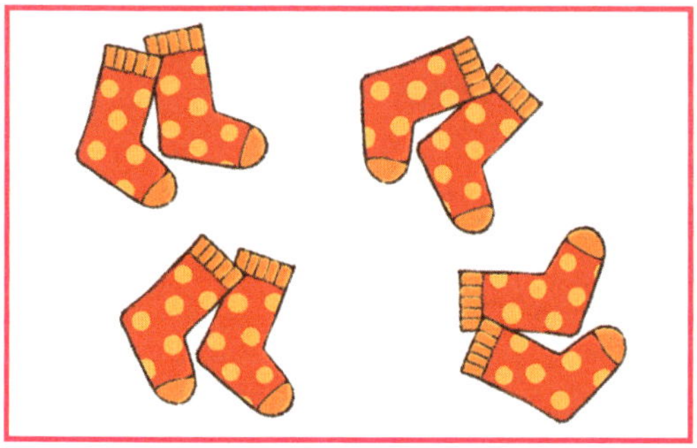

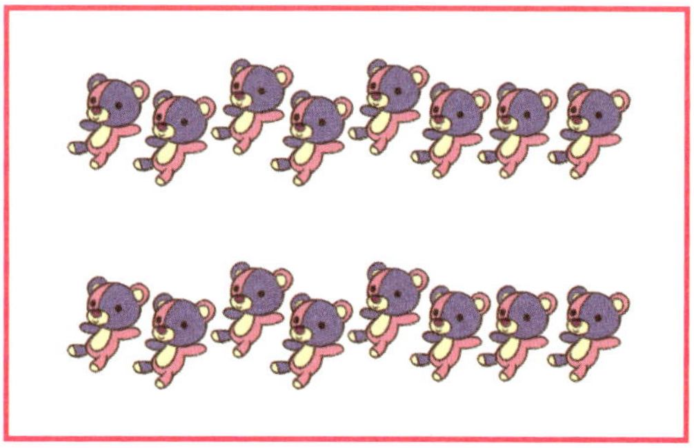

....

2 **Problème**

Moustache est sur le **0**
de la droite numérique.
Pour aller plus vite,
il fait des bonds de **5** à
chaque fois. Il en fait **4**.
Sur quel nombre arrivera-t-il ?

Phrase réponse : ....

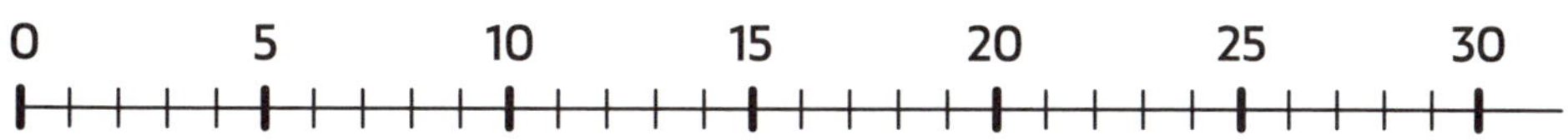

Comprendre l'addition réitérée et la commutativité

1 **Colorie** de la même couleur les étiquettes qui ont le même résultat.

4 × 6 | 3 + 3 + 3 + 3 | 6 + 6 + 6 + 6

8 + 8 + 8 | 5 + 5 | 5 + 5 + 5 + 5 + 5

4 × 3 | 3 × 8 | 2 × 5 | 5 × 5 | 7 × 1 | 5 × 4

4 + 4 + 4 + 4 + 4 | 1 + 1 + 1 + 1 + 1 + 1 + 1

2 **Écris** la multiplication égale à la première.

5 × 3 = 3 × 5	4 × 3 = ... × ....
6 × 2 = ... ×	5 × 6 = ... × ....
7 × 4 = ... ×	8 × 7 = ... × ....
3 × 8 = ... ×	6 × 10 = ... × ....
9 × 5 = ... ×	6 × 4 = ... × ....

3 **Problème**

Noah a lancé 4 flèches sur le **3**.
Quel résultat a-t-il obtenu ?

Phrase réponse : ....

1 **Écris** la multiplication correspondant au dessin.

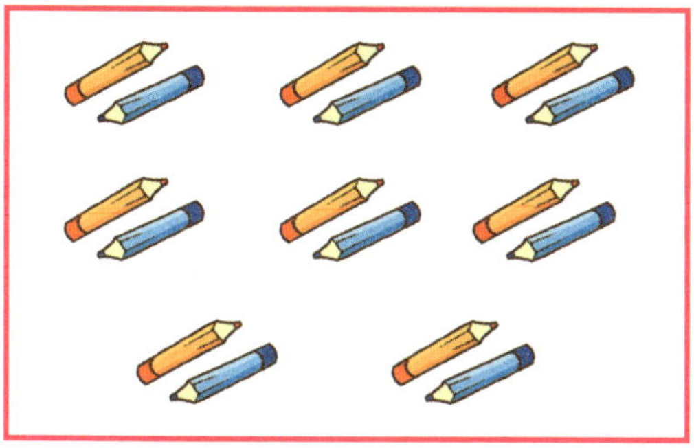

……………………………………………

……………………………………………

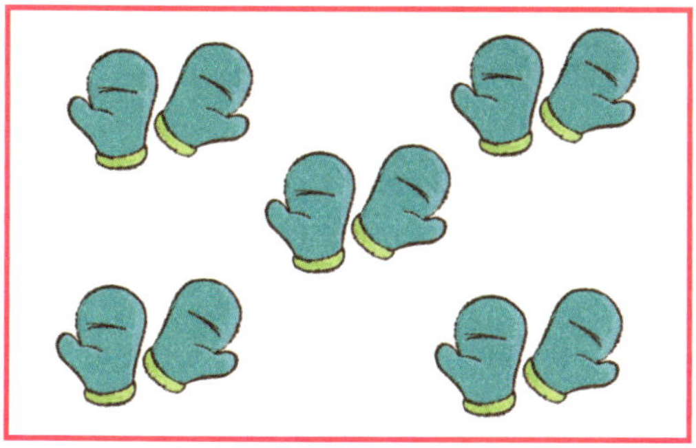

……………………………………………

……………………………………………

2 **Problème**

Moustache est sur le **0** de la droite numérique. Pour aller plus vite, il fait des bonds de **6** à chaque fois. Il en fait **3**. **Sur quel nombre arrivera-t-il ?**

Phrase réponse : ……………………………………………………………………

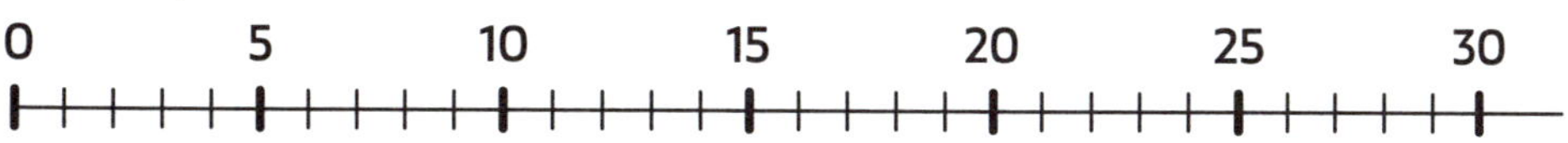

1 Écris les deux opérations possibles.

.... × ....

ou

.... × ....

.... × ....

ou

.... × ....

2 Écris l'addition correspondant à la multiplication.

5 × 6 = ... 4 × 3 = ...

3 × 7 = ... 2 × 7 = ...

3 Problème

Lizzie a lancé 4 flèches sur le 9.
Quel résultat a-t-elle obtenu ?

Phrase réponse : ....

1 Complète.

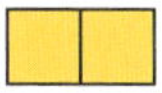
1 × 2 = ...

2 × 2 = ...

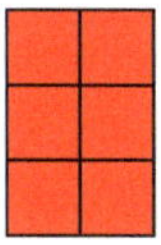
3 × 2 = ...

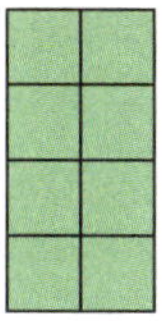
4 × 2 = ...

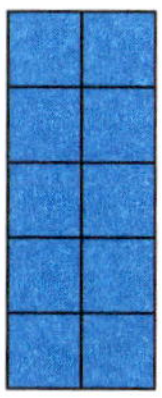
5 × 2 = ...

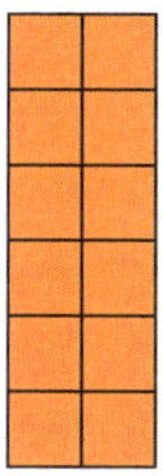
6 × 2 = ...

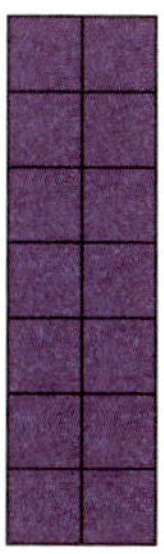
7 × 2 = ...

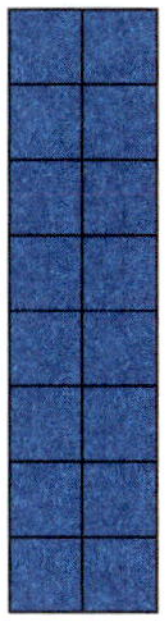
8 × 2 = ...

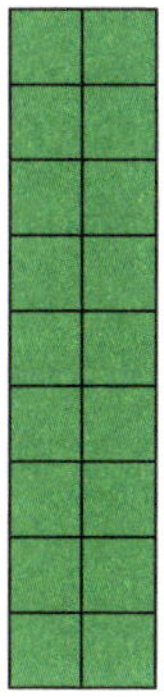
9 × 2 = ...

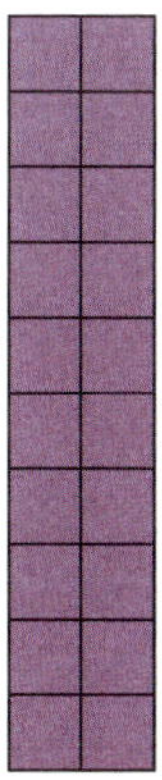
10 × 2 = ...

1 Colorie de la même couleur le calcul et son résultat.

9 × 2 | 2 | 8 | 20 | 5 × 2

1 × 2 | 8 × 2 | 4 | 2 × 2 | 10 | 18

7 × 2 | 16 | 10 × 2 | 6 | 3 × 2

14 | 6 × 2 | 12 | 4 × 2

2 Écris la multiplication correspondant au dessin et **calcule**.

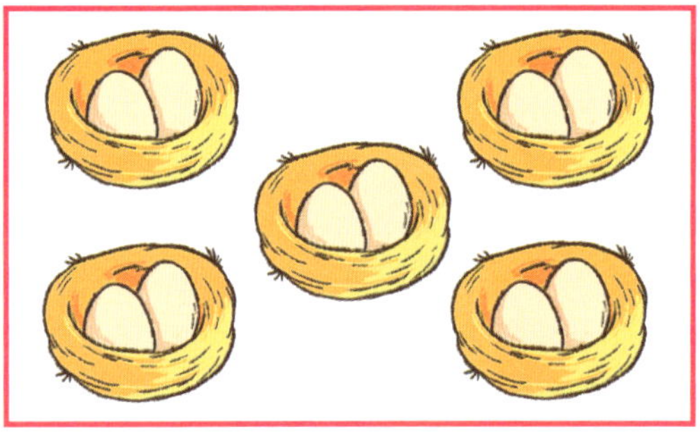

....

3 Problème

Tim a lancé **5** flèches sur le **2**.
Quel résultat a-t-il obtenu ?

Phrase réponse : ....

1 Complète.

1 × 5 = ...

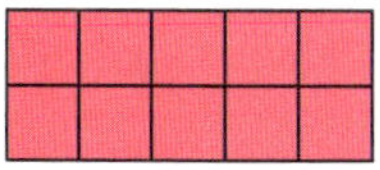

2 × 5 = ...

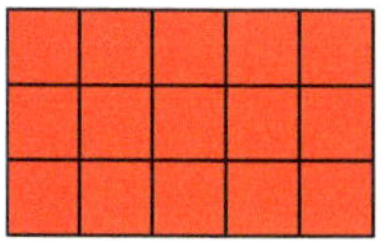

3 × 5 = ...

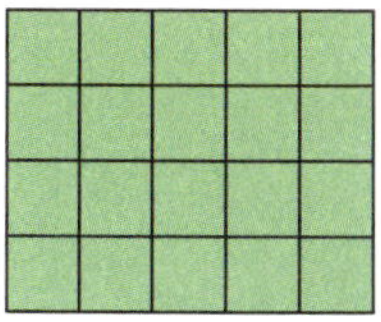

4 × 5 = ...

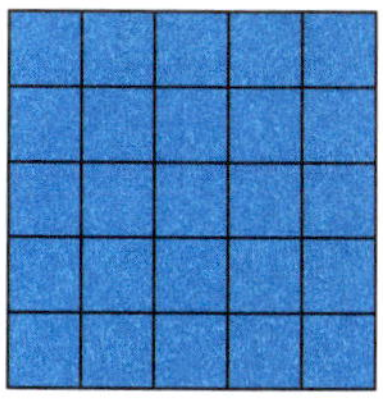

5 × 5 = ...

6 × 5 = ...

7 × 5 = ...

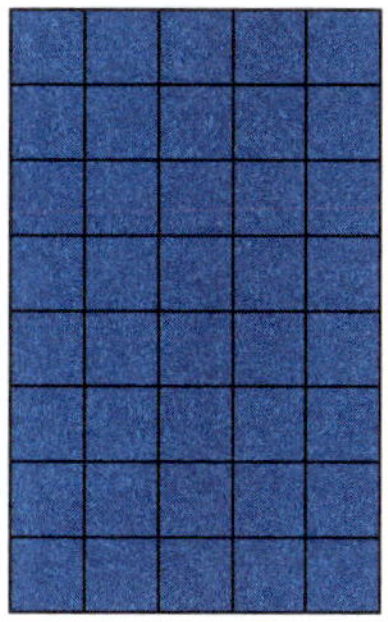

8 × 5 = ...

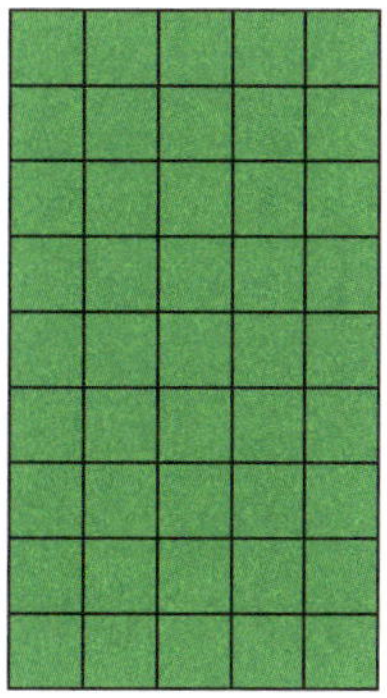

9 × 5 = ...

10 × 5 = ...

Connaître par cœur la table de 5

1 Colorie de la même couleur le calcul et son résultat.

6 × 5	40	25	50	1 × 5
10 × 5	8 × 5	30	9 × 5	45	15
4 × 5	35	7 × 5	5	5 × 5
10	3 × 5	20	2 × 5	

2 Écris la multiplication correspondant au dessin et **calcule**.

....

3 Problème

Éléonore a lancé **4** flèches sur le **5**.
Quel résultat a-t-elle obtenu ?

Phrase réponse : ....

Comprendre la soustraction posée avec retenue

1 Calcule.

64 – 26 = ...

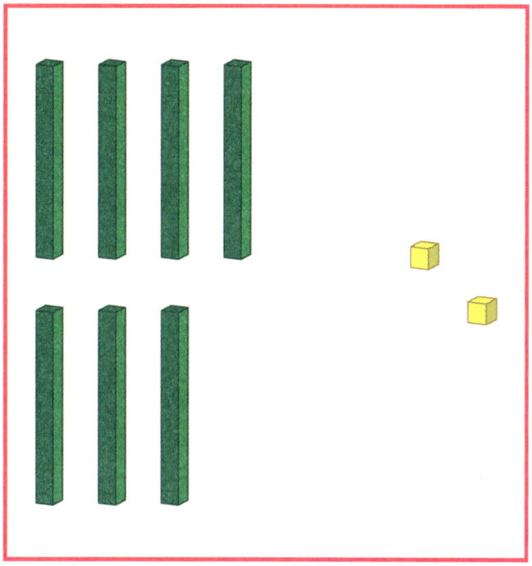

72 – 35 = ...

51 – 18 = ...

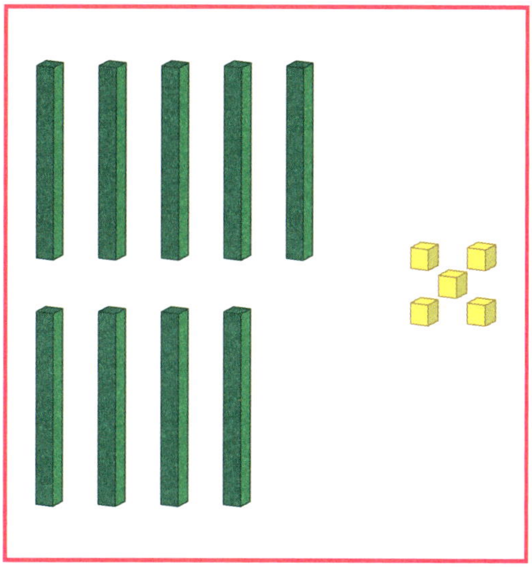

95 – 69 = ...

Comprendre la soustraction posée avec retenue

1 **Représente** avec la base **10**, puis **calcule**.

151 – 118 = ...

126 – 54 = ...

185 – 69 = ...

171 – 127 = ...

1 **Pose** et **calcule**.

152 – 82	185 – 156	128 – 113
154 – 92	141 – 139	136 – 125

2 Problème

Robin et sa famille partent en week-end à Londres et visitent les studios Harry Potter. L'entrée leur coûte **156 €**, mais ils ont une réduction de **29 €**.

Combien vont-ils payer ?

Phrase réponse : ……………………………………………………………………………

1 Pose et calcule.

119 – 45

141 – 62

159 – 121

162 – 157

126 – 108

138 – 72

2 Problème

Arthur et Nathan partent en week-end et visitent la tour de Londres.
L'entrée leur coûte **127 €**, mais ils ont une réduction de **58 €**.
Combien vont-ils payer ?

Phrase réponse : ....

Ajouter et soustraire des dizaines ou des centaines à des nombres à 3 chiffres

1 Colorie ce qui est juste.

365 – 20 = 335	463 – 200 = 263	275 – 50 = 245
606 + 200 = 806	524 + 30 = 554	752 – 200 = 952
240 + 50 = 740	223 + 400 = 623	290 + 300 = 590

2 Complète les tableaux.

+	40	300
510		
435		
656		

–	50	200
273		
564		
392		

3 Problème

Il y avait **346** abeilles dans la ruche. **40** sont sorties.
Combien en reste-t-il ?

Phrase réponse : ....

1 Calcule.

426 + 231 = [426 + 200] + 30 + 1

[....... + 30] + 1

[....... + 1] = ...

253 + 536 = [253 + ...] + ... + ...

[....... + ...] + ...

[....... + ...] = ...

615 + 274 = [615 + ...] + ... + ...

[....... + ...] + ...

[....... + ...] = ...

2 Problème

Moustache avait compté
365 poissons dans la mare.
Maintenant, il y en a **253** de plus.
Combien y en a-t-il maintenant ?

Phrase réponse : ....

1 **Complète** ces arbres de calcul.

353 + 524

300 + 500 | 50 + 20 | 3 + 4

800 + 70 + 7

877

679 + 215

....

....

426 + 361

....

....

763 + 192

....

....

2 Problème

Pimpin a ramassé **417** carottes dans son jardin.
Il en ramasse **212** de plus.
Combien en a-t-il maintenant ?

Phrase réponse : ....

Connaître les compléments à 100 de dizaines entières

1 Colorie les calculs justes.

90 + 10 = 100	70 + 20 = 100	30 + 70 = 100
70 + 30 = 100	10 + 90 = 100	60 + 30 = 100
60 + 60 = 100	80 + 20 = 100	20 + 90 = 100
80 + 10 = 100	40 + 60 = 100	50 + 50 = 100

2 Écris la monnaie rendue par la caissière.

....

....

3 Problème

La fermière doit remplir son carton de **100** œufs.
Elle en a déjà **60**.
Combien lui en manque-t-il ?

Phrase réponse : ....

S'appuyer sur les compléments à 100 pour calculer

1 **Colorie** deux à deux de la même couleur les nombres et leur complément à **100**. **Entoure** l'intrus.

Qui est l'intrus ?		
20	30	60
50	80	50
40	70	10

Qui est l'intrus ?		
80	10	50
60	30	20
40	70	90

2 **Change** l'ordre des nombres et **entoure** ce qui fait **100**. Puis **calcule**.

Exemple : 60 + 30 + 40 = [60 + 40] + 30 = 130

40 + 50 + 60 = [....... + ...] + ... = ...

20 + 30 + 70 = ... + ... + ... = ...

30 + 50 + 50 = ... + ... + ... = ...

10 + 90 + 80 = ... + ... + ... = ...

3 **Problème**

Compte les points obtenus par Léo au jeu de la cible.

Phrase réponse : ....

Trouver les compléments à la centaine supérieure

1 Complète les calculs.

200 = 140 + ...	600 = 590 + ...	700 = 620 + ...
500 = 430 + ...	900 = 860 + ...	800 = 750 + ...
400 = 380 + ...	300 = 210 + ...	100 = 70 + ...

2 Colorie deux nombres qui font **300** de la même couleur.

220 60 80 70 90

290 240 210 230 250

260 270

50 30 10 40

3 Problème

Éthan doit se rendre à Paris.
En tout, il doit parcourir **700 km**.
Il en a déjà fait **630**.
Combien de kilomètres doit-il encore parcourir ?

Phrase réponse : ....

Trouver les compléments à la centaine supérieure

1 Complète les calculs.

700 = 626 + ...	400 = 381 + ...	900 = 869 + ...
100 = 74 + ...	200 = 143 + ...	300 = 217 + ...
800 = 752 + ...	500 = 438 + ...	600 = 585 + ...

2 Colorie de la même couleur deux nombres qui font **500**.

423 65 38 88 59

471 482 412 47 18

77 453

462 29 435 441

3 Problème

Tim doit se rendre à Berlin.
En tout, il doit parcourir **800 km**.
Il en a déjà fait **724**.
Combien de kilomètres doit-il encore parcourir ?

Phrase réponse : ....

1 Complète.

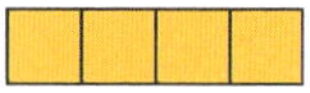

1 × 4 = ...

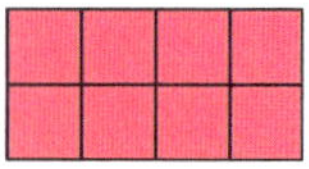

2 × 4 = ...

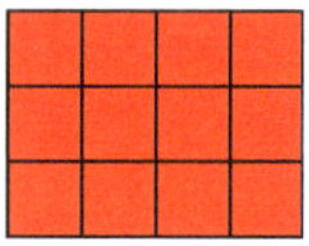

3 × 4 = ...

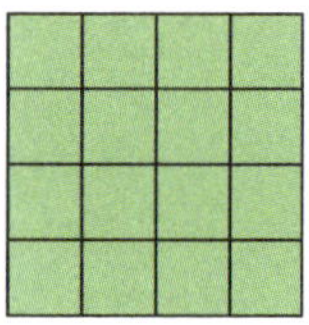

4 × 4 = ...

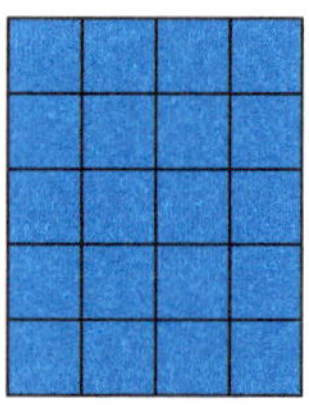

5 × 4 = ...

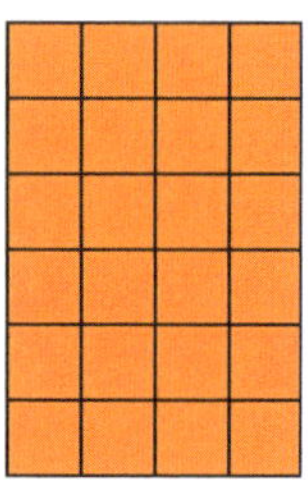

6 × 4 = ...

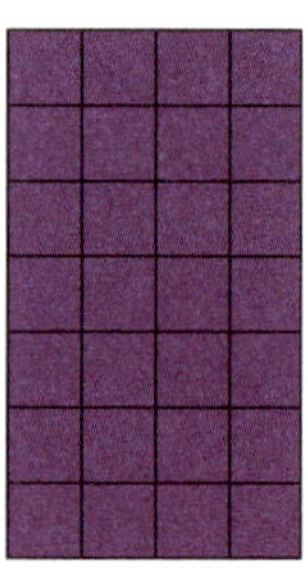

7 × 4 = ...

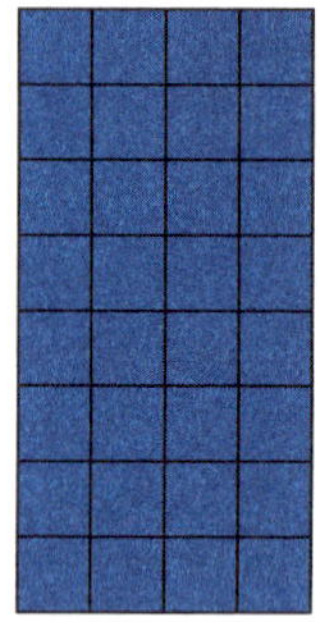

8 × 4 = ...

9 × 4 = ...

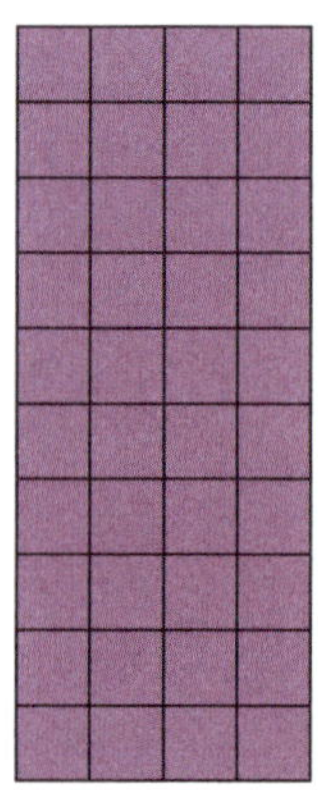

10 × 4 = ...

1 **Colorie** de la même couleur le calcul et son résultat.

1 × 4 | 4 | 8 × 4 | 12 | 5 × 4 | 28

36 | 8 | 32 | 6 × 4 | 10 × 4

7 × 4 | 20 | 16 | 4 × 4 | 24

40 | 9 × 4 | 2 × 4 | 3 × 4

2 **Écris** la multiplication correspondant au dessin et **calcule**.

....

....

3 **Problème**

Maëlys a lancé **3** flèches sur le **4**.
Quel résultat a-t-elle obtenu ?

Phrase réponse : ....

1 Complète.

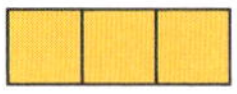

1 × 3 = ...

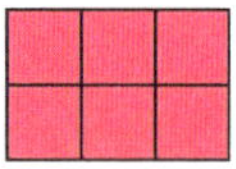

2 × 3 = ...

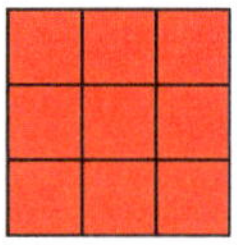

3 × 3 = ...

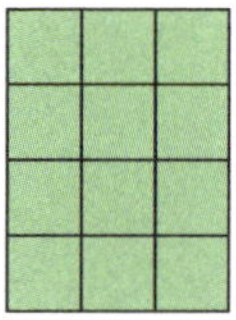

4 × 3 = ...

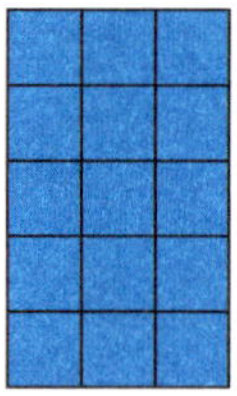

5 × 3 = ...

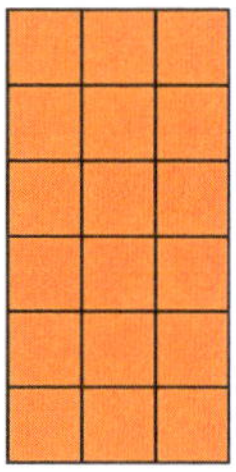

6 × 3 = ...

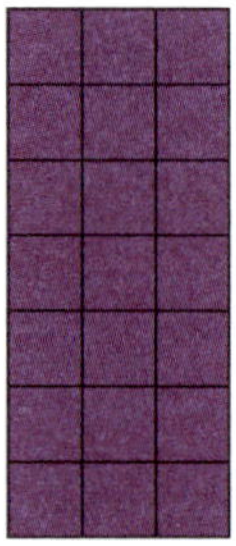

7 × 3 = ...

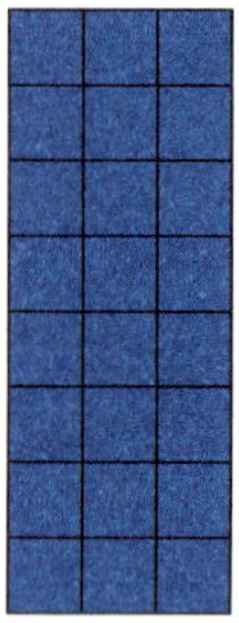

8 × 3 = ...

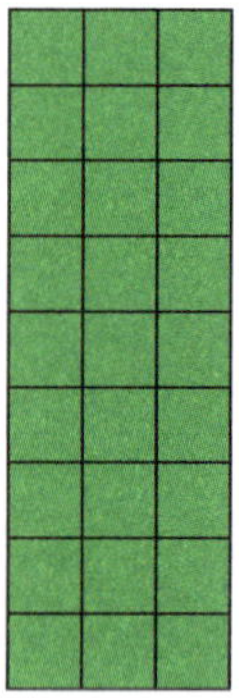

9 × 3 = ...

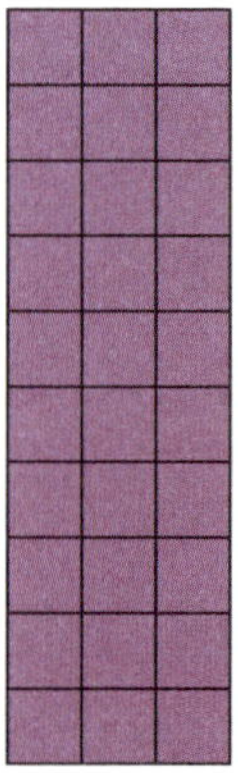

10 × 3 = ...

1 **Colorie** de la même couleur le calcul et son résultat.

10 × 3 | 30 | 8 × 3 | 18 | 3 × 3 | 15

9 × 3 | 24 | 9 | 4 × 3 | 6 | 12

3 | 6 × 3 | 27 | 5 × 3

7 × 3 | 1 × 3 | 2 × 3 | 21

2 **Écris** la multiplication correspondant au dessin et **calcule**.

....

....

3 Problème

Lizzie a lancé **3** flèches sur le **3**.
Quel résultat a-t-elle obtenu ?

Phrase réponse : ....

Multiplier par 10

1 **Barre** les calculs faux.

5 × 10 = 50	3 × 10 = 33	8 × 10 = 90
7 × 10 = 70	6 × 10 = 60	7 × 10 = 70
9 × 10 = 100	4 × 10 = 50	4 × 10 = 40
3 × 10 = 30	8 × 10 = 80	5 × 10 = 70

2 **Colorie** selon le code couleur.

3	4	5	6	7	8	9

1 Complète ces calculs.

$76 \times 10 = ...$	$51 \times 10 = ...$
$68 \times 10 = ...$	$43 \times 10 = ...$
$82 \times 10 = ...$	$74 \times 10 = ...$
$210 = ... \times 10$	$650 = 10 \times ......$
$480 = ... \times 10$	$820 = 10 \times ......$

2 Colorie deux à deux de la même couleur le calcul et le résultat correspondant. Entoure l'intrus.

Qui est l'intrus ?		
25 × 10	470	430
140	360	250
36 × 10	14 × 10	47 × 10

Qui est l'intrus ?		
85 × 10	52 × 10	71 × 10
940	620	94 × 10
710	850	520

3 Problème

Lison fête son anniversaire.
Elle a invité **10** amis.
Chaque invité reçoit **10** bonbons.
Combien de bonbons seront distribués au total ?

Phrase réponse : ....

Multiplier un nombre à 1 chiffre par un nombre à 1, 2 ou 3 chiffres

1 Complète ces arbres de calcul.

2 × 42

2 × 40 | 2 × 2

80 | 4

84

3 × 31

…….

5 × 84

…….

4 × 63

…….

2 Problème

Hugo a **3** albums contenant **65** cartes chacun.

Combien a-t-il de cartes en tout ?

Phrase réponse : ……………………………………………………………

Multiplier un nombre à 1 chiffre par un nombre à 1, 2 ou 3 chiffres

1 Complète ces arbres de calcul.

2 × 243

2 × 200 | 2 × 40 | 2 × 3

400 | 80 | 6

486

3 × 352

....

2 × 483

....

3 × 236

....

2 Problème

Arthur a **3** boîtes contenant **245** photos chacune.

Combien a-t-il de photos en tout ?

Phrase réponse : ....

1 Complète cette grille pour trouver les nombres mystères.

	A	B	C	D	E	F
1						
2						
3						
4						

Horizontalement

1 : 429 + 200 / 9 × 5

2 : double de 40 + double de 4 / 360 + 420

3 : moitié de 8

4 : Complément à 100 de 9 / 78 – 40

Le nombre mystère est : ....

Verticalement

A : 421 + 263

B : moitié de 18

C : 3 × 3 / 40 + 41

D : 40 + 30

E : double de 24 / moitié de 6

F : moitié de 100 / moitié de 16

Le nombre mystère est : ....

1 **Colorie** les animaux selon les indications.

L'écureuil est devant la souche de l'arbre.

Le renard est dans le terrier.

La chouette vole à droite de l'arbre.

Le sanglier est derrière l'arbre.

Le lapin est à gauche du buisson fleuri.

2 **Complète** les phrases avec : *sur* / *derrière* / *devant* / *à gauche* / *à droite*.

Je vois la souris .... de la souche.

Elle est .... l'arbre.

Elle est .... du terrier.

Elle est .... le champignon.

Elle est .... le buisson fleuri.

Coder et décoder les cases d'un quadrillage

1 Colorie la case de la couleur du bandeau du chat.

	1	2	3	4	5	6
A						
B						
C						
D						
E						

 (E ; 3)

 (C ; 6)

 (B ; 4)

 (A ; 2)

2 Code la case de chaque lapin.

	1	2	3	4	5	6
A						
B						
C						
D						
E						

 (....... ; ....)

 (....... ; ....)

 (....... ; ....)

 (....... ; ....)

 (....... ; ....)

Coder et décoder les nœuds d'un quadrillage

1 **Colorie** les nœuds de la couleur du bandeau du chat.

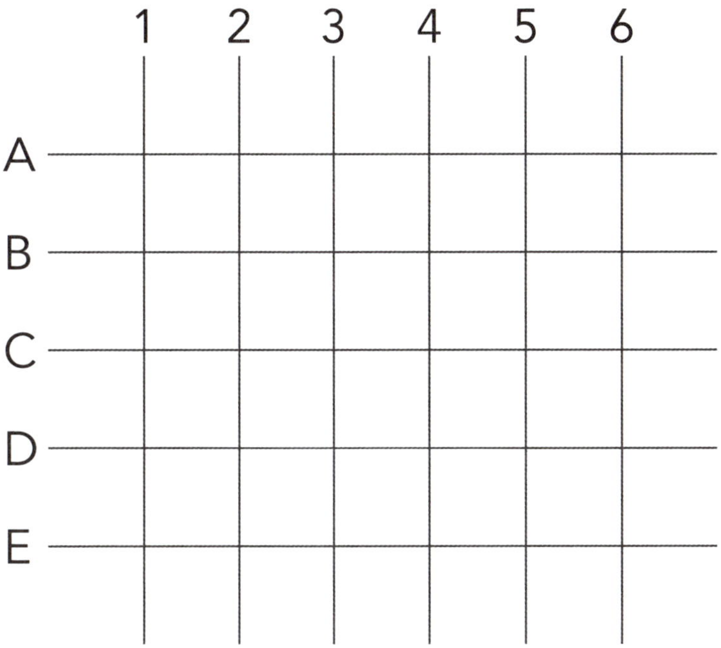

(B ; 2)

(A ; 6)

(D ; 3)

(E ; 2)

2 **Code** le nœud de chaque lapin.

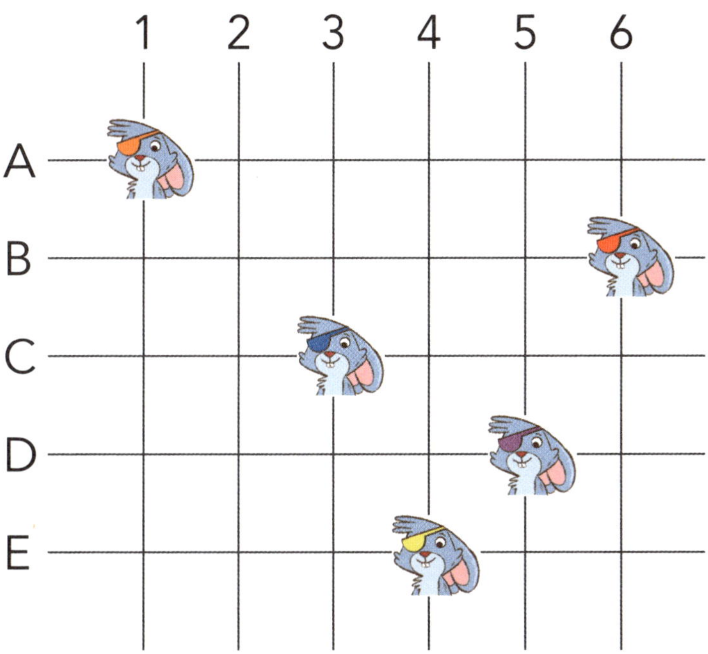

(....... ; ....)

(....... ; ....)

(....... ; ....)

(....... ; ....)

(....... ; ....)

Coder et décoder un déplacement dans un quadrillage

1 Voici les déplacements d'Arthur. **Écris** le nom de l'endroit où il arrive.

	↓	→	→	↓	↓	→	→	→	↑	←

Il arrive ....

	↓	↓	↓	→	→	↑	↑	→	→	↑

Il arrive ....

2 **Code** les différents déplacements d'Arthur par le chemin le plus court.

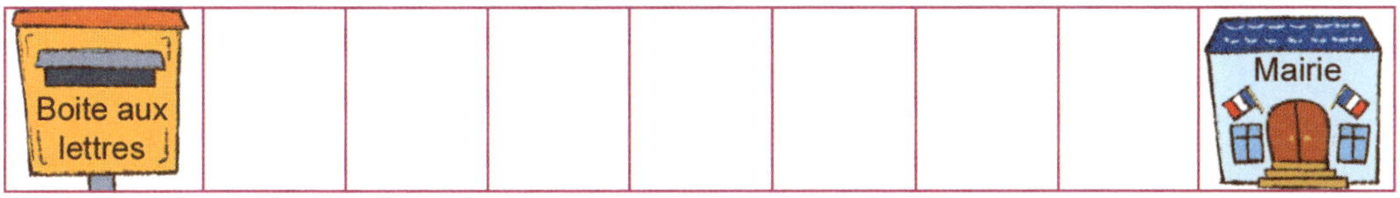

3 Arthur doit aller à la boucherie en passant devant la boîte aux lettres. **Code** son déplacement.

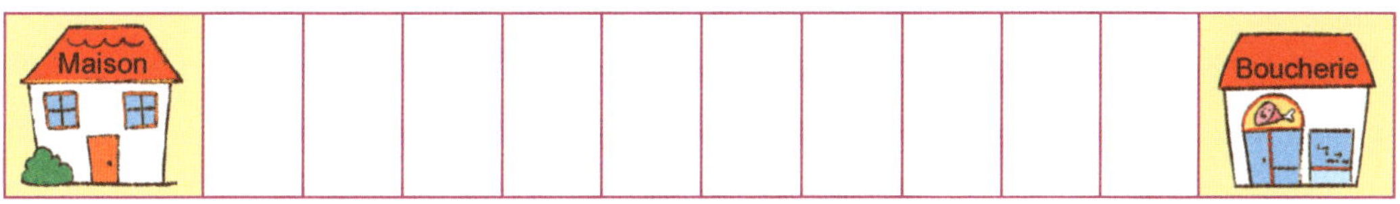

4 **Trace** le trajet d'Arthur sur ton plan. Devant quels lieux passe-t-il ?

	↓	↓	↓	→	→	↑	↑	↑	↑

Il passe devant ....

....

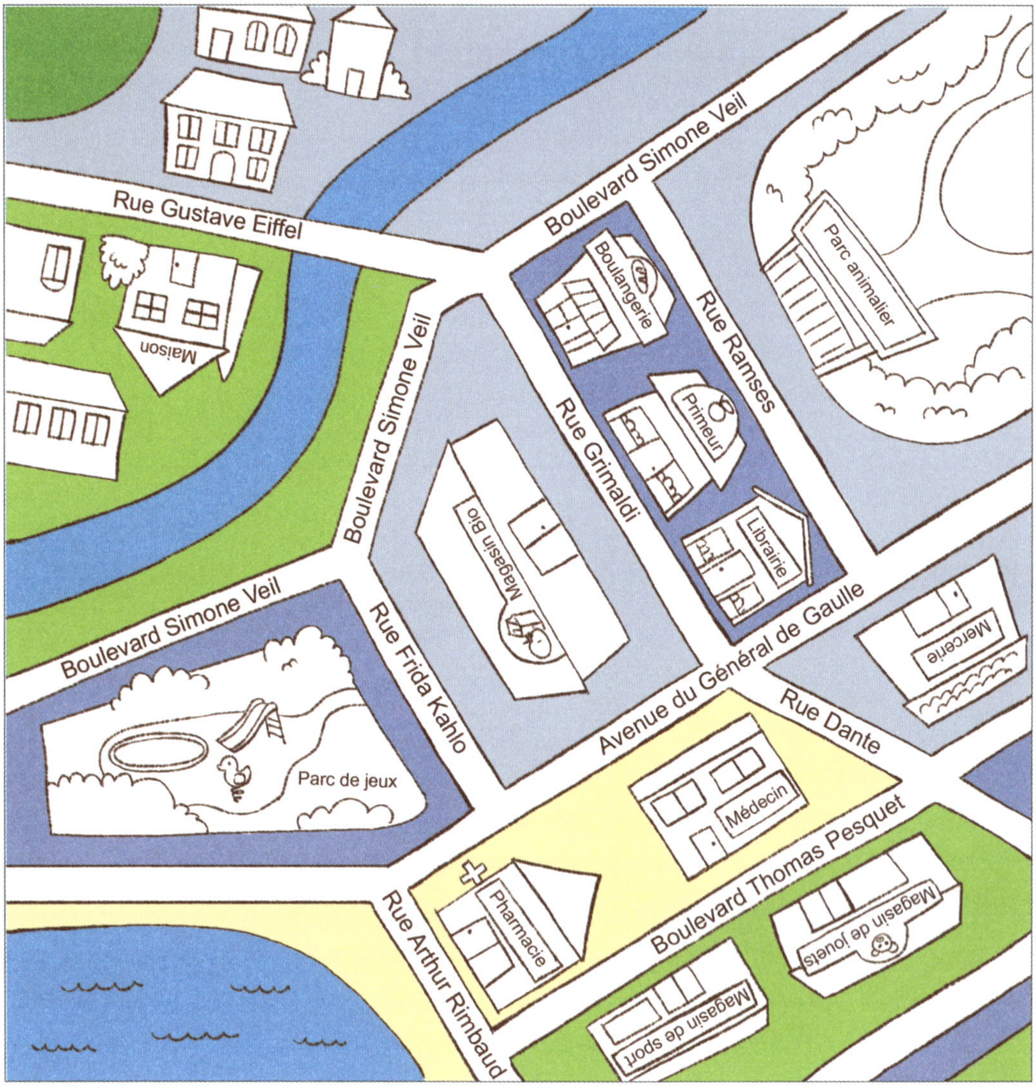

1 **Colorie** en vert les deux parcs.

Entoure la boulangerie en rouge.

Colorie la maison en jaune.

Entoure la librairie en bleu.

Quel est le nom de la rue dans laquelle se trouvent le magasin bio et le primeur ?

....

2 Lizzie est chez le médecin en face du magasin de jouets.
Elle veut rentrer à la maison. **Trace** son trajet.

Par quelles rues passe-t-elle ?

....

....

....

3 Lizzie part de la maison à la recherche de son chien Jack.
Elle prend la rue Gustave Eiffel. Arrivée au bout,
elle tourne à droite, puis à gauche.

Dans quelle rue arrive-t-elle ?

....

Que voit-elle ?

À sa droite ....

À sa gauche ....

4 Lizzie part de la maison et prend la rue Gustave Eiffel.
Elle tourne à gauche, puis à droite. Au bout de la rue,
elle bifurque à droite et prend la deuxième rue à gauche.

Dans quelle rue arrive-t-elle ?

....

Où se rend-elle ?

....

Utiliser la règle et connaître les notions de milieu et d'alignement

1 **Mesure** chaque bande en **cm** et **marque** d'un trait le milieu de chacune.

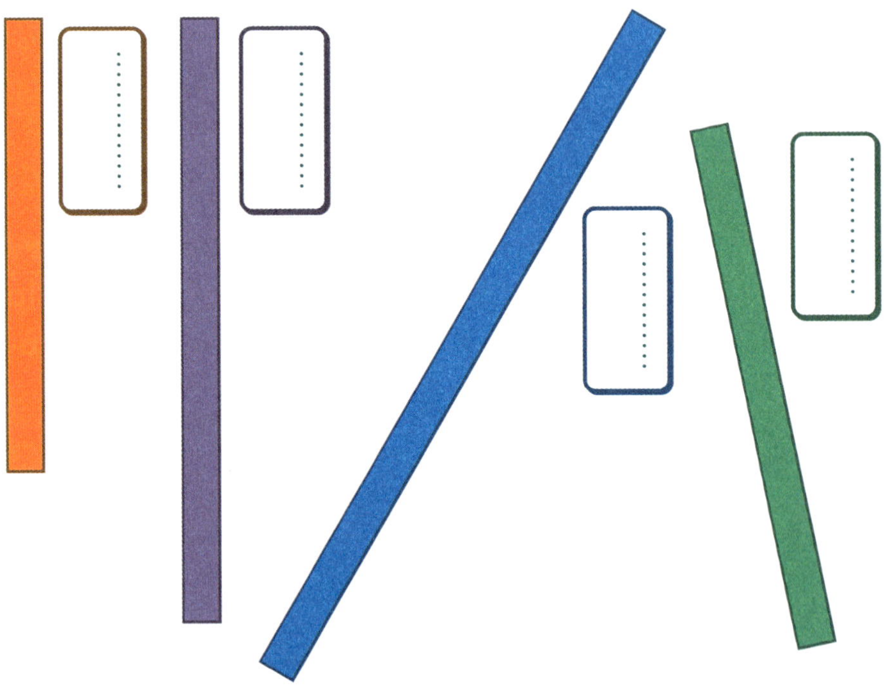

2 **Trace** tous les alignements de **3** étoiles possibles.

1 Lison a marqué les angles droits du bateau. **Barre** ceux qui sont faux.

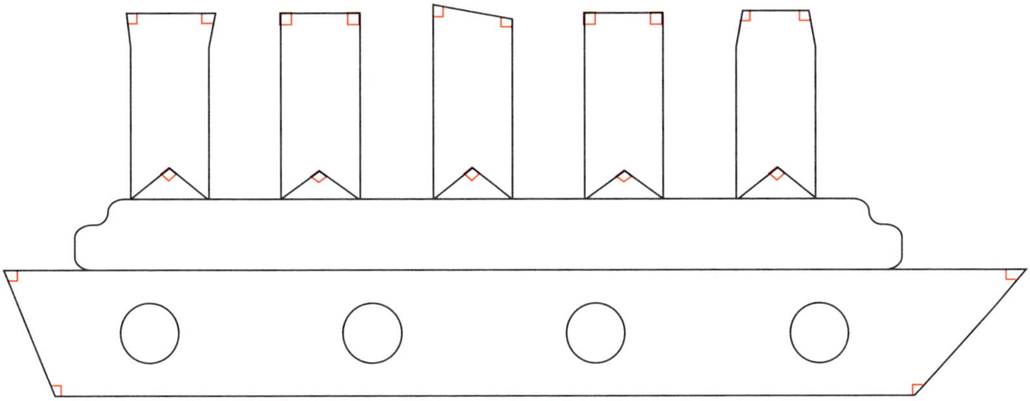

2 **Marque** tous les angles droits de la maison.

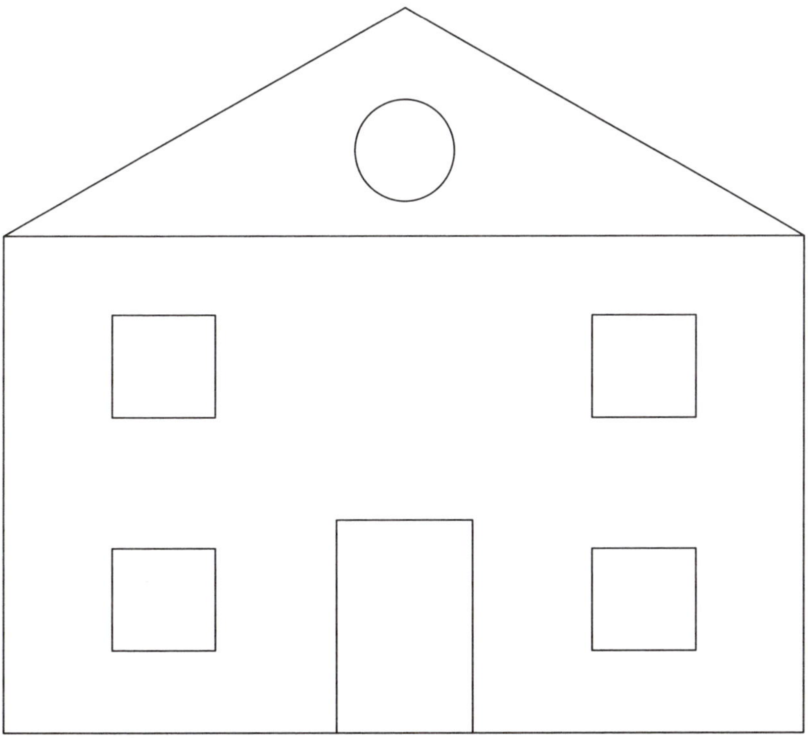

Connaître les propriétés et tracer le carré et le rectangle

1 Complète le tracé des figures à la règle.

Le rectangle

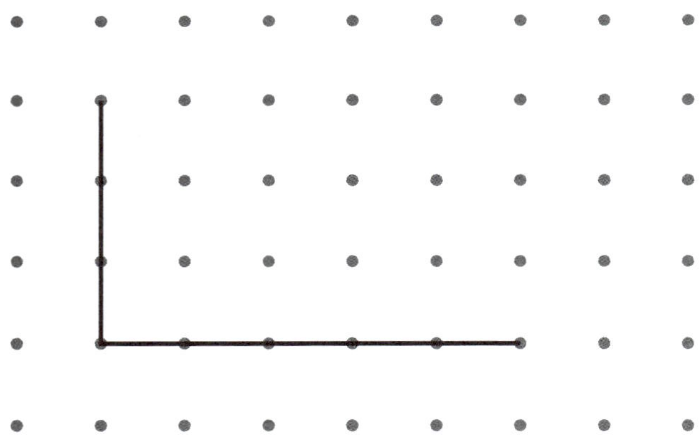

Le rectangle

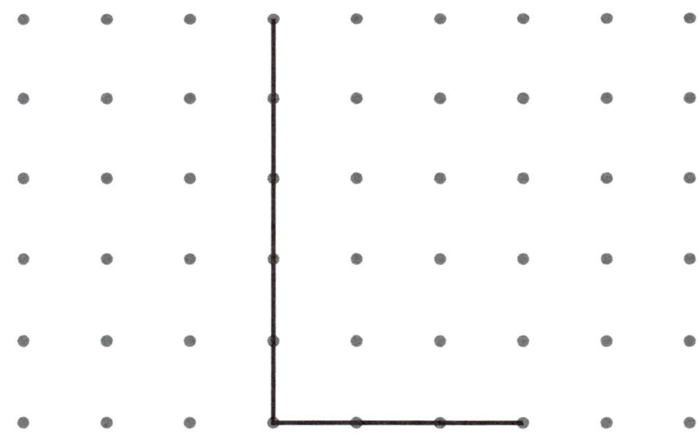

Le carré

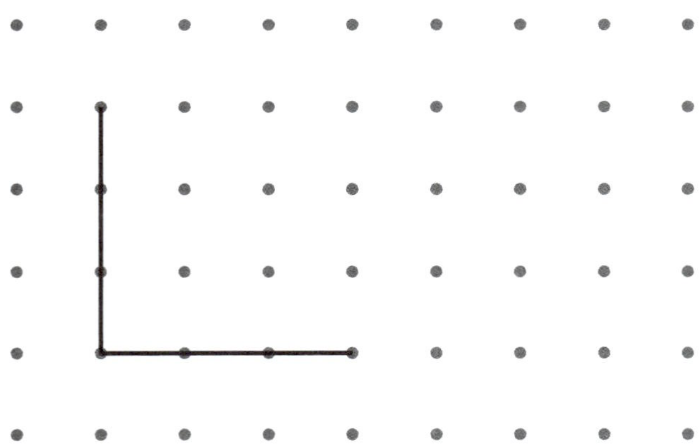

Le carré

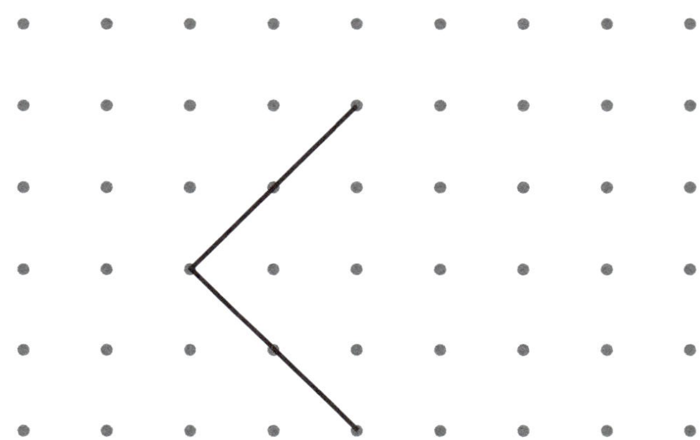

Connaître les propriétés et tracer le carré et le rectangle

1 Complète ce tableau avec des croix pour déterminer les propriétés de ces figures.

	3 côtés	4 côtés	côtés opposés égaux	4 côtés égaux	4 angles droits
Carré					
Rectangle					

2 Termine ces rectangles.

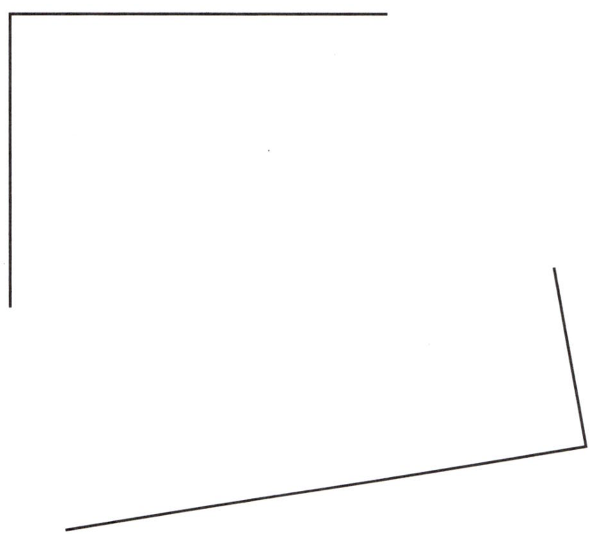

3 Termine ces carrés.

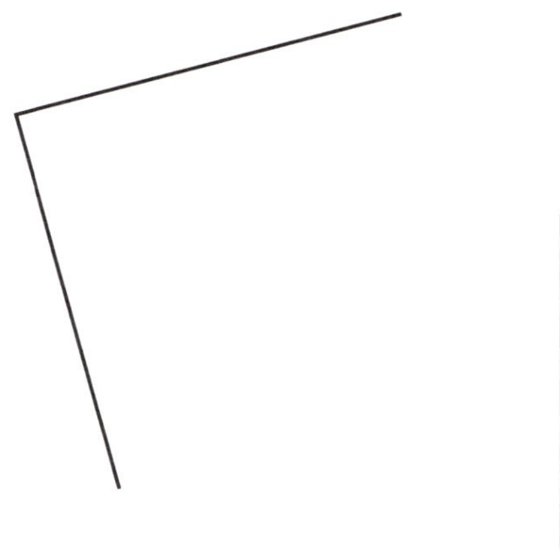

Connaître les propriétés et tracer des triangles

1 **Complète** le tracé des figures à la règle.

Le triangle

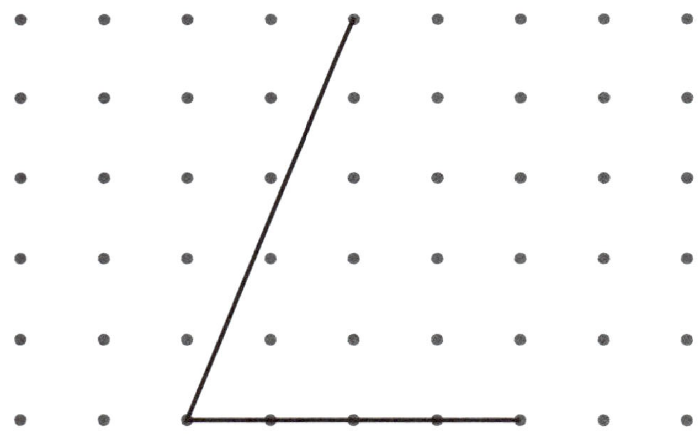

Le triangle rectangle

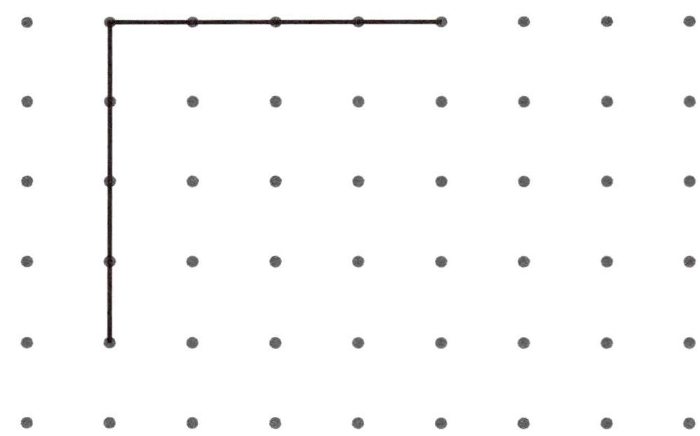

Le triangle

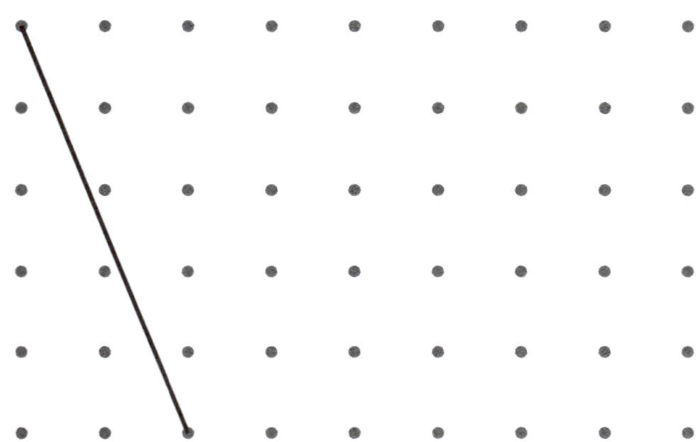

Le triangle rectangle

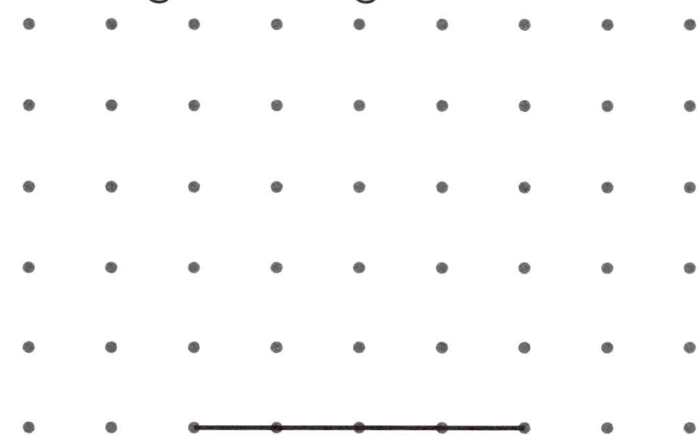

Connaître les propriétés et tracer des triangles

1 Complète ce tableau avec des croix pour déterminer les propriétés de ces figures.

	3 côtés	4 côtés	2 côtés égaux	aucun angle droit	1 angle droit
Triangle					
Triangle rectangle					

2 Termine le tracé de ces triangles.

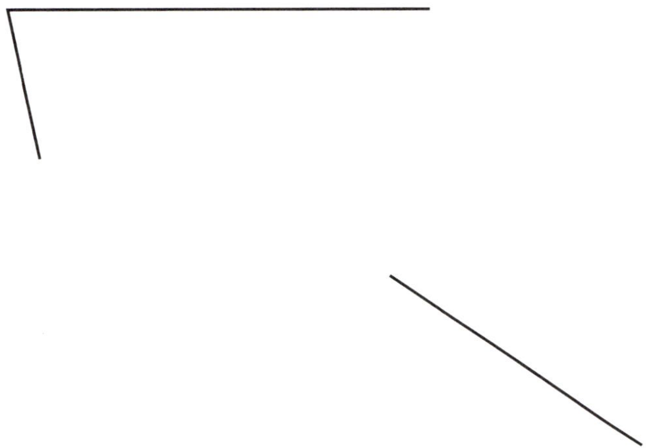

3 Termine le tracé de ces triangles rectangles.

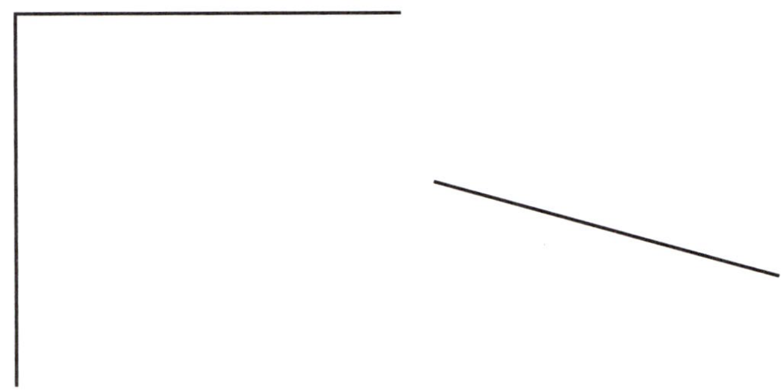

Utiliser le compas et apprendre à tracer un cercle

1 **Trace** des cercles représentant des bulles de savon.

1 **Barre** les cartes qui ne sont pas symétriques.

2 Moustache et Pimpin se regardent dans un miroir.
Entoure les **7** erreurs dans la symétrie.

Reconnaître et construire la symétrie dans le quadrillage

1 **Colorie** le symétrique de la frise par rapport à l'axe rouge.

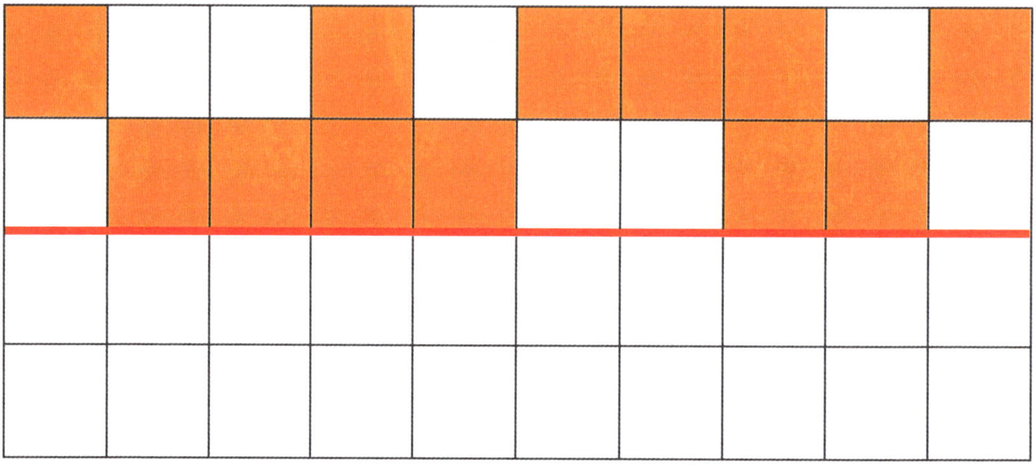

2 **Barre** les animaux qui ne sont pas symétriques par rapport à l'axe rouge.

Reconnaître et construire la symétrie dans le quadrillage

1 **Colorie** le symétrique de la figure par rapport à l'axe rouge.

2 **Colorie** le symétrique de la figure par rapport à l'axe rouge.

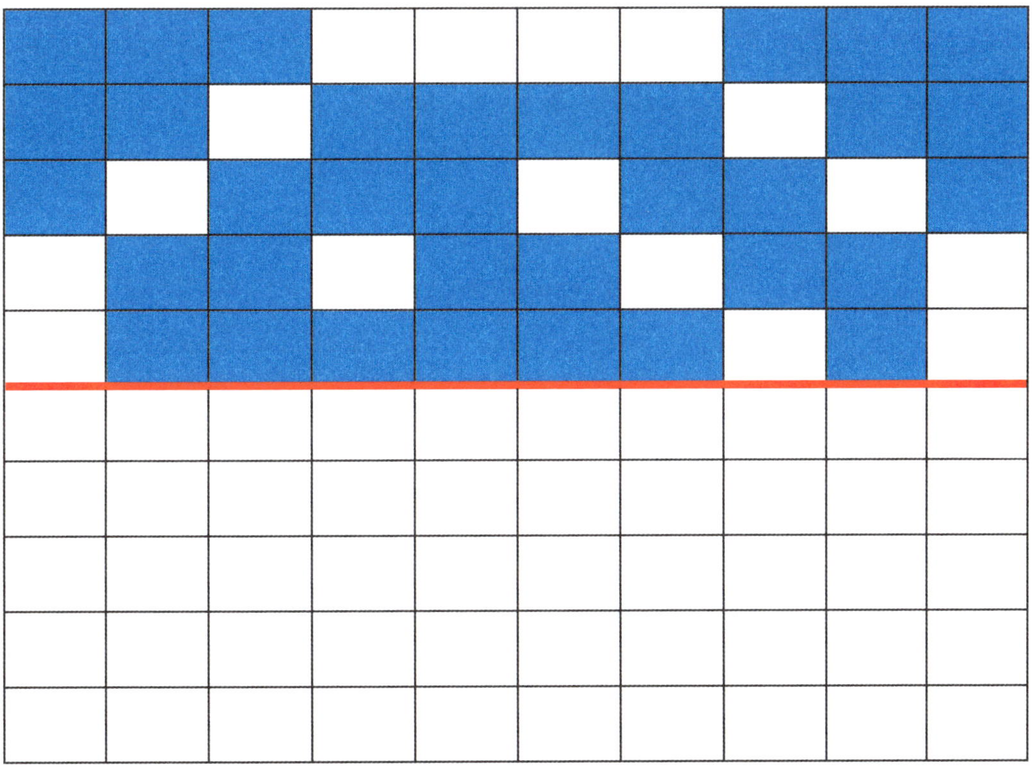

Repérer la symétrie des figures géométriques

1 **Repasse** les axes de symétrie corrects et **barre** ceux qui sont faux.

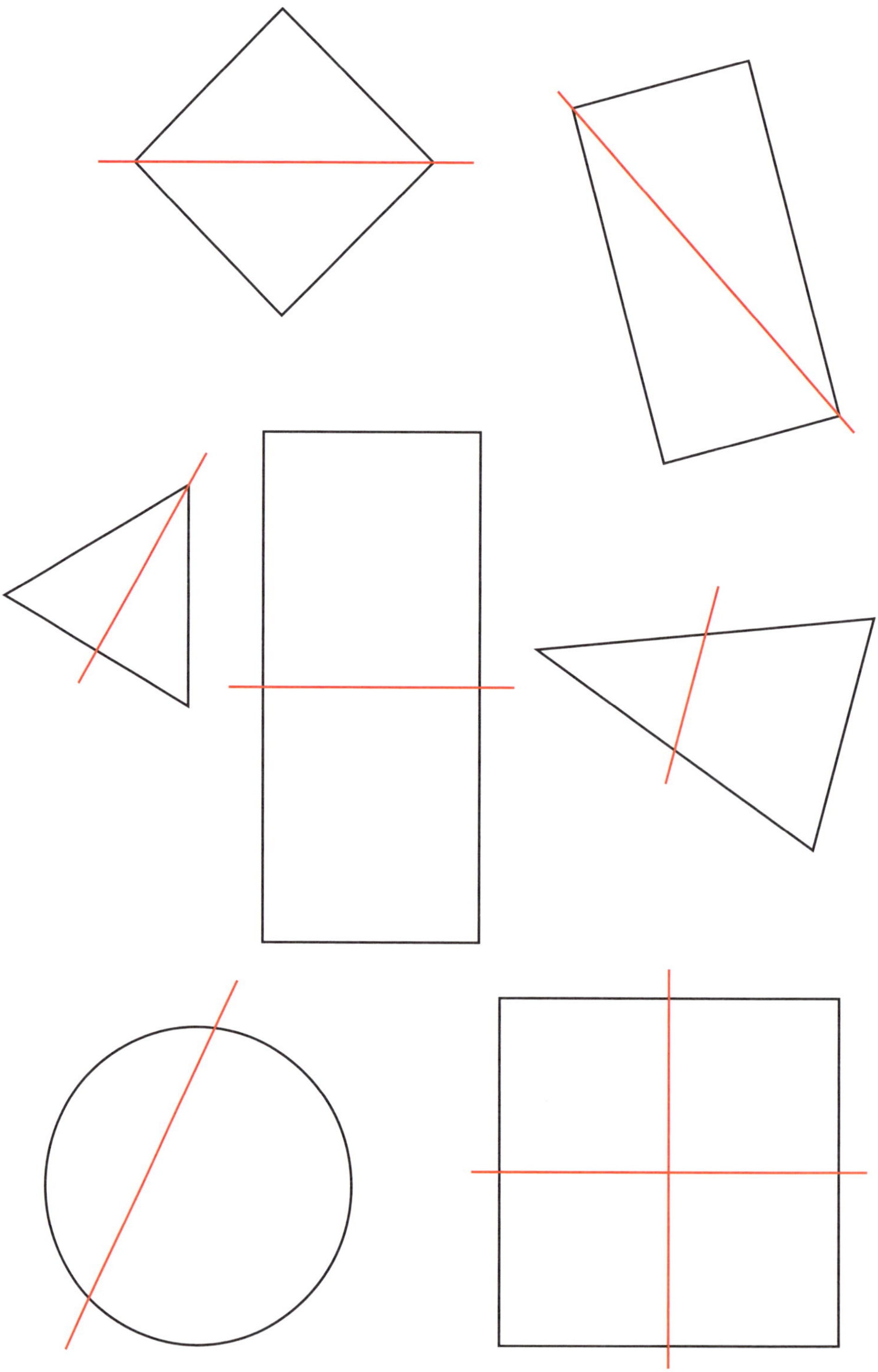

Tracer les axes de symétrie des figures géométriques

1 **Trace** au moins un axe de symétrie sur ces figures.

1 Relie.

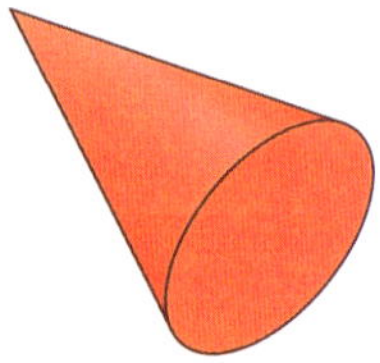
Pavé droit

Cylindre

Boule

Cône

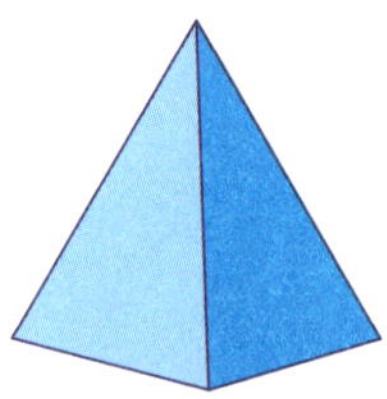
Cube

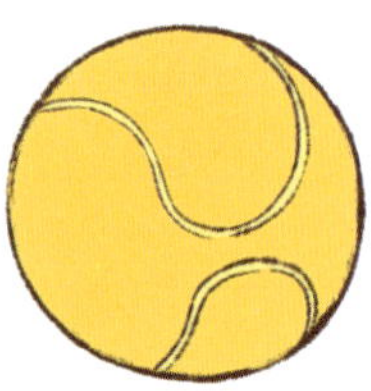

Pyramide

1 **Relie** ces solides aux empreintes de leurs faces.

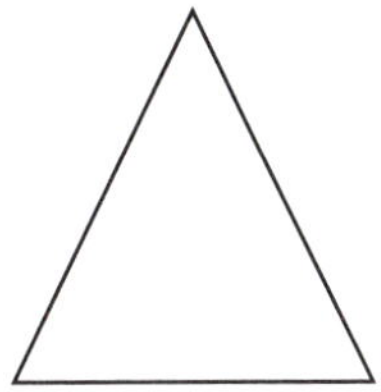

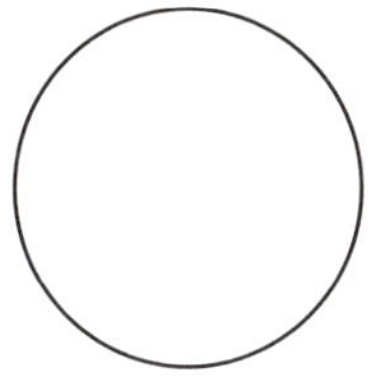

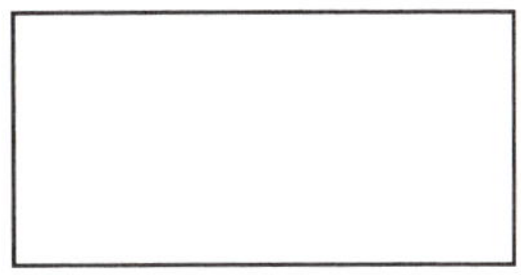

2 **Complète** le tableau.

	Nombre de faces	Nombre de sommets	Nombre d'arêtes
Cube	....	....	....
Pavé droit	....	....	....
Pyramide	....	....	....
Boule	....	....	....

• À toi de **trouver** le trésor !

Pour cela, place-toi sur la croix. Avance de 2 cases vers le haut, puis pivote à droite et avance de 5 cases. Pivote à gauche et avance de 4 cases. Puis pivote à gauche et avance de 5 cases. Enfin, pivote à nouveau à gauche et avance de 3 cases.

Bravo ! Tu as trouvé le trésor.

• **Entoure** l'image de l'endroit où se trouve le trésor.

1 **Colorie** comme sur le modèle.

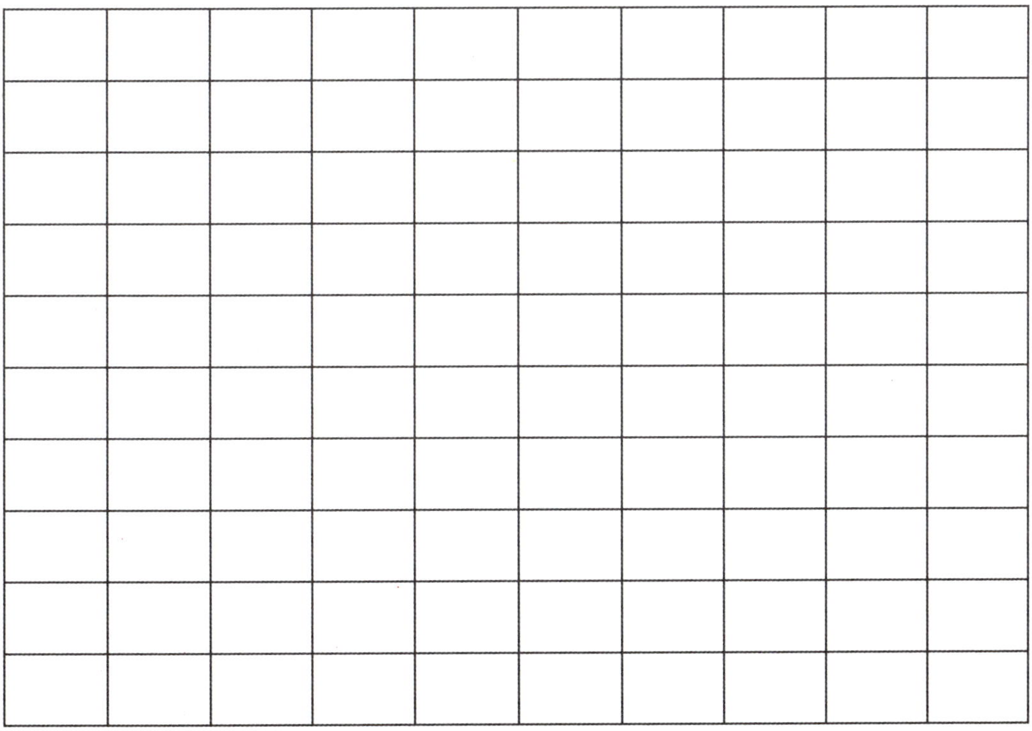

1 **Colorie** le symétrique de la figure par rapport à l'axe rouge.

Mesurer et tracer des segments

1 **Lis** et **écris** la longueur de chaque segment.

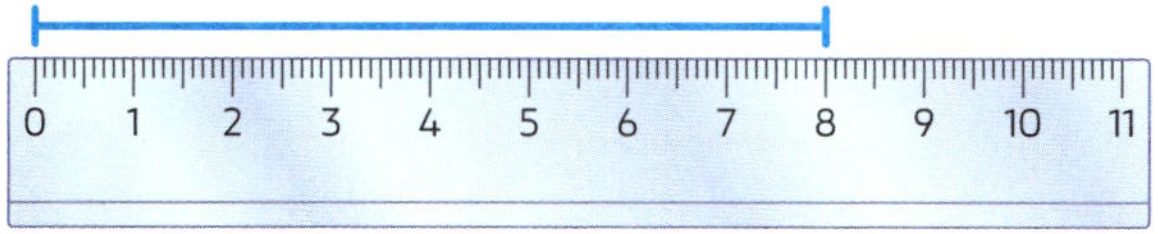

.... cm

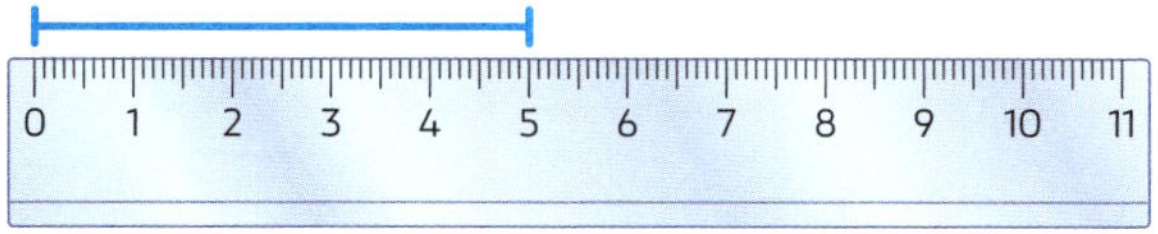

.... cm

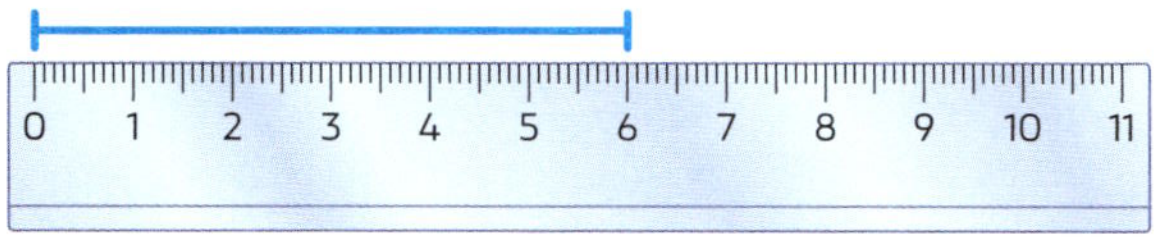

.... cm

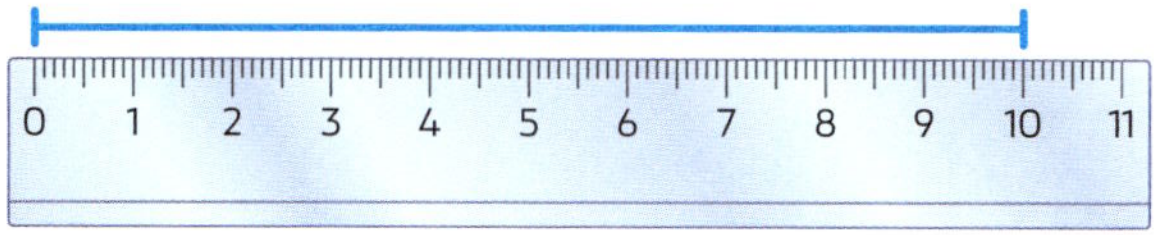

.... cm

2 **Mesure** en **cm** la longueur de chaque segment et **complète**.

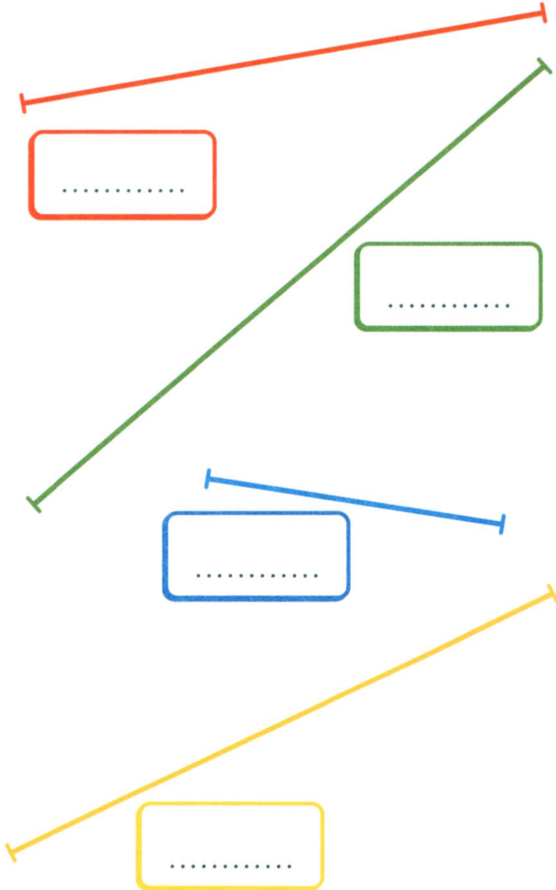

1 Trace les segments.

AB = 7 cm

CD = 12 cm

A ×

D ×

2 Problème. Moustache et Pimpin font la course. **Qui parcourt le chemin le plus long ?**
Mesure et **calcule.**

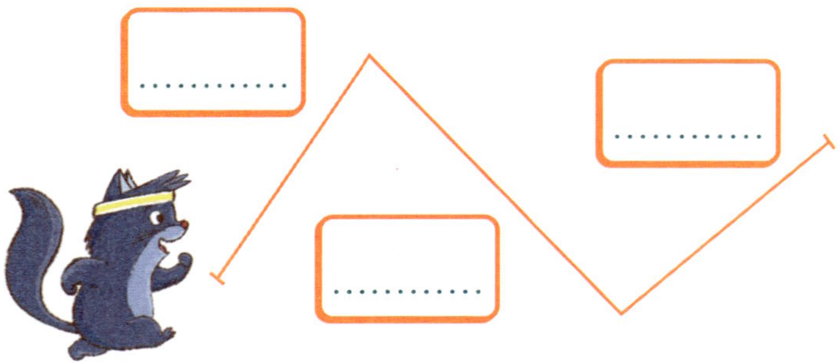

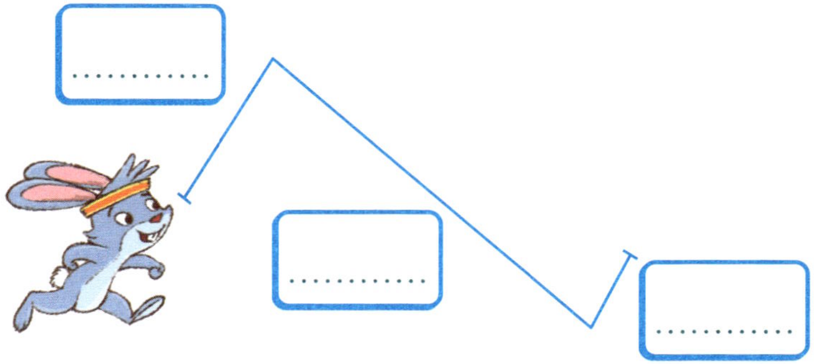

.... + ... + ... = ...

.... + ... + ... = ...

Phrase réponse : ....

Estimer et déterminer les longueurs de référence

1 **Colorie** l'unité qui convient.

km	m	cm

km	m	cm

km	m	cm

km	m	cm

km	m	cm

km	m	cm

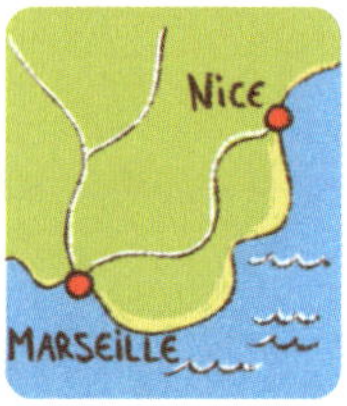

km	m	cm

km	m	cm

2 **Dessine** un objet selon la mesure.

Quelques centimètres	Quelques mètres	Quelques kilomètres

Faire des correspondances de longueurs pour les comparer

1 **Entoure** la bonne réponse.

1 kilomètre, c'est	1 000 m	10 m	100 m
5 mètres, c'est	50 cm	500 cm	15 cm
400 centimètres, c'est	4 m	40 m	400 m
3 mètres, c'est	30 km	30 cm	300 cm
700 centimètres, c'est	70 cm	7 m	70 km

2 **Problème**

Au lancer de freesbie, Ethan a atteint **4 m 15 cm**, Romain **521 cm** et Noah **5 m 86 cm**.

Écris le prénom de chaque enfant sur le podium.

1. ....

2. ....

3. ....

Estimer et déterminer des masses de référence

1 **Colorie** l'unité qui convient.

g | kg

g | kg

g | kg

g | kg

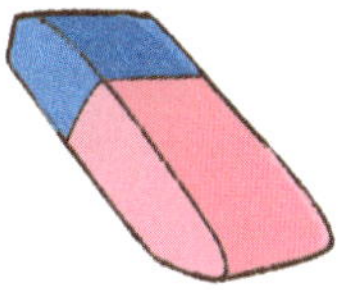

g | kg

g | kg

g | kg

g | kg

2 **Entoure** la réponse qui te semble juste.

Un bébé pèse	30 kilogrammes	3 kilogrammes
Une voiture pèse	80 kilogrammes	800 kilogrammes
Une tablette de chocolat pèse	2 grammes	200 grammes
Un ordinateur portable pèse	3 kilogrammes	50 kilogrammes
Une raquette de tennis pèse	400 grammes	4 grammes

1 **Écris** combien pèse chaque objet.

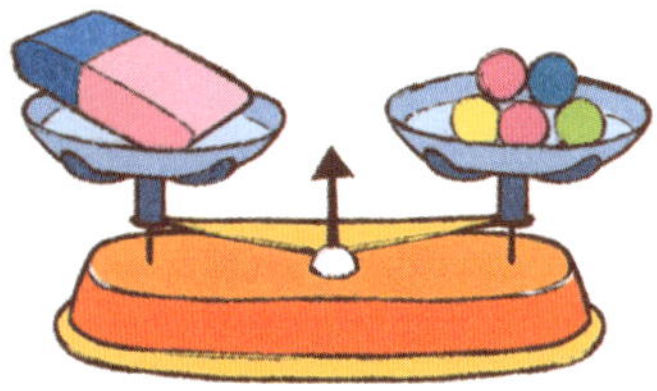

Le ballon pèse .... billes.

La gomme pèse .... billes.

L'ourson pèse .... billes.

2 **Calcule** combien pèse chaque objet.

La farine pèse ....

Le chocolat pèse ....

Le lait pèse ....

3 **Dessine** les poids.

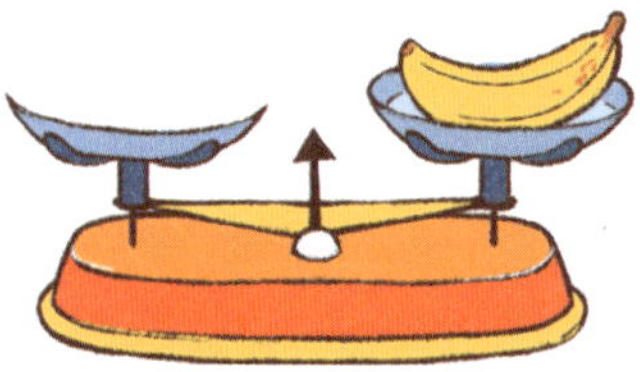

123 grammes

159 grammes

96 grammes

1 **Dessine** les poids sur le bon plateau.

2 **Calcule** combien pèse chaque objet.

Le globe pèse	**Le robot** pèse	**La fusée** pèse ....

Range ces objets du plus lourd au plus léger.

.... > .... > ....

1 **Colorie** les pièces et billets qui existent.

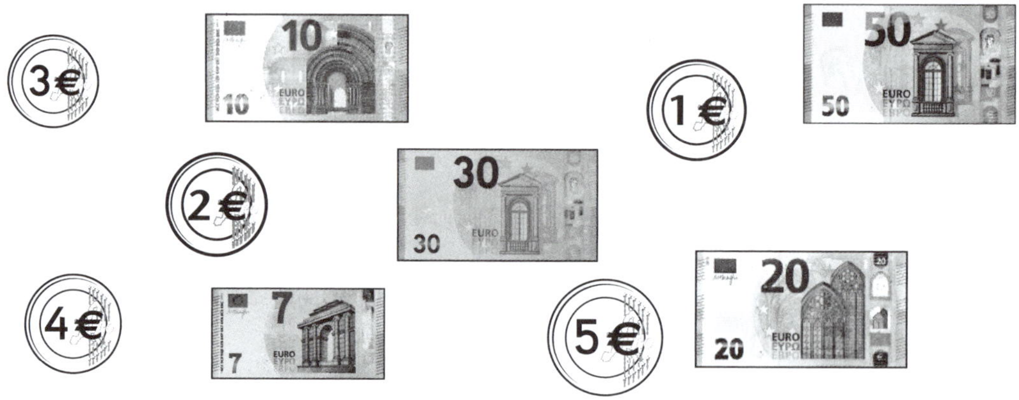

2 **Colorie** la monnaie nécessaire pour acheter ces objets avec le moins de pièces et de billets possible.

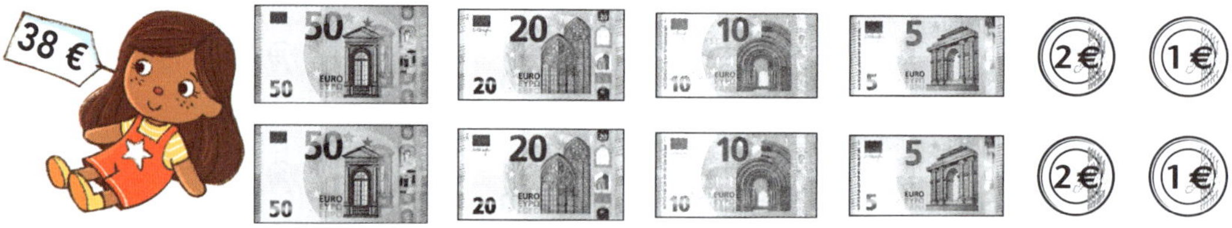

1 **Calcule** l'argent de chaque enfant.

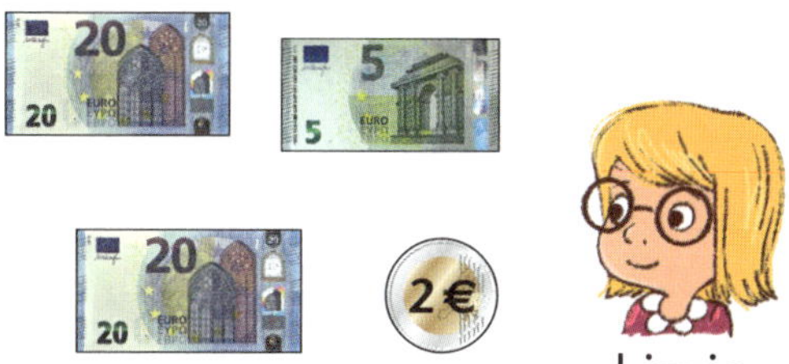

Lizzie

.... €

Robin

.... €

Tim

.... €

Basti

.... €

Nathan

.... €

Tao

.... €

Entoure l'enfant qui a le plus d'argent.

1 **Calcule** l'argent de chaque enfant.

Amir

.... € ....

.... € ....

Lise

Mathieu

.... € ....

.... € ....

Marilou

2 **Colorie** la monnaie nécessaire pour acheter ces objets avec le moins de pièces et de billets possible.

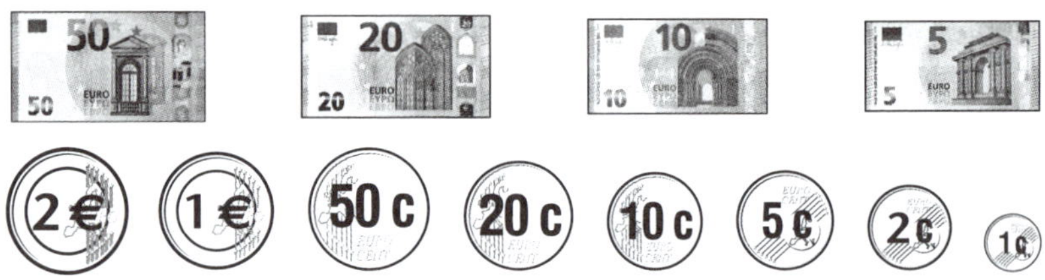

1 **Dessine** la monnaie rendue par la caissière.

	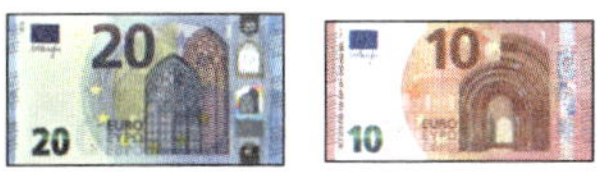	

1 **Dessine** la monnaie rendue par la caissière.

	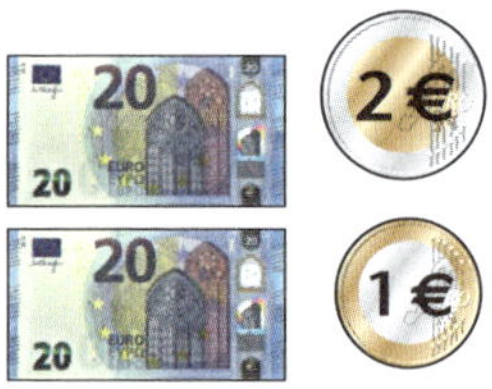	

Mesurer des durées : mois, jours, heures, minutes

1 Complète la roue des mois de l'année.

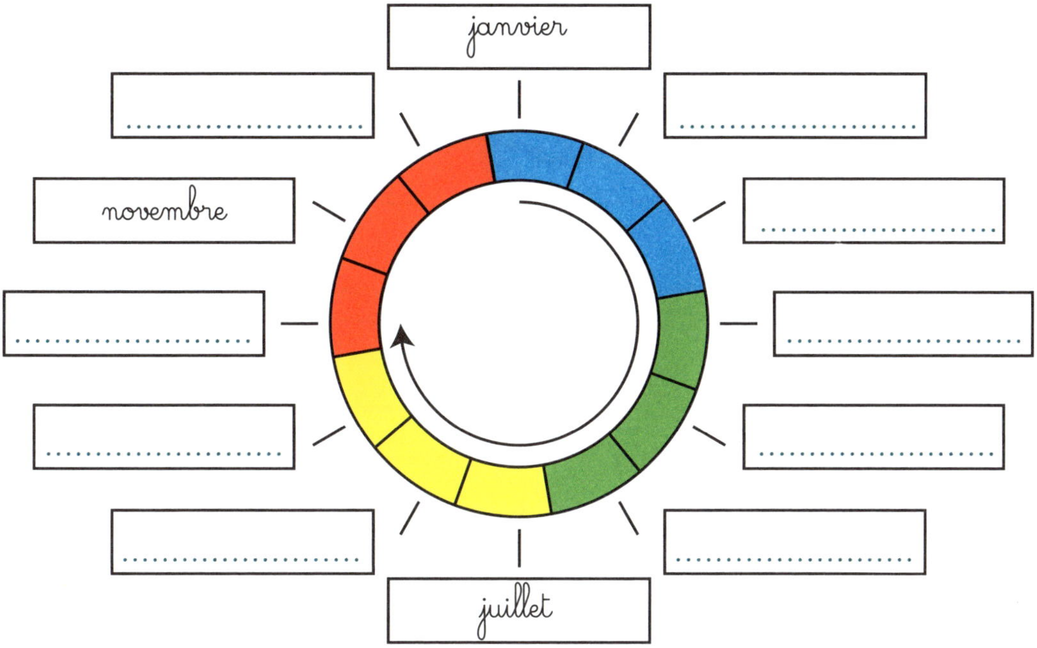

2 Réponds aux questions.

Combien y a-t-il de minutes dans une heure ? ....

Combien y a-t-il d'heures dans une journée ? ....

Combien y a-t-il de jours dans la semaine ? ....

Combien y a-t-il de mois dans l'année ? ....

Combien y a-t-il de saisons dans l'année ? ....

3 Réponds aux devinettes.

Combien y a-t-il de jours dans 2 semaines ? ....

Combien y a-t-il d'heures entre 9 h et 12 h ? ....

Combien y a-t-il de mois entre mars et septembre ? ....

1 **Écris** l'heure du matin et de l'après-midi pour chaque réveil.

Matin	.... :	.... :	.... :	.... : ....
Après-midi	.... :	.... :	.... :	.... : ....

2 **Dessine** les aiguilles sur les horloges.

6 : 30

19 : 00

12 : 30

21 : 00

1 **Compte** le nombre de verres que peut contenir chaque récipient.

L'arrosoir contient .... verres d'eau.	**L'aquarium** contient .... verres d'eau.	**La gourde** contient .... verres d'eau.

Range les objets de celui qui contient le moins de liquide à celui qui en contient le plus.

.... < .... < ....

2 **Écris** pour chaque récipient la graduation jusqu'à laquelle monte le liquide.

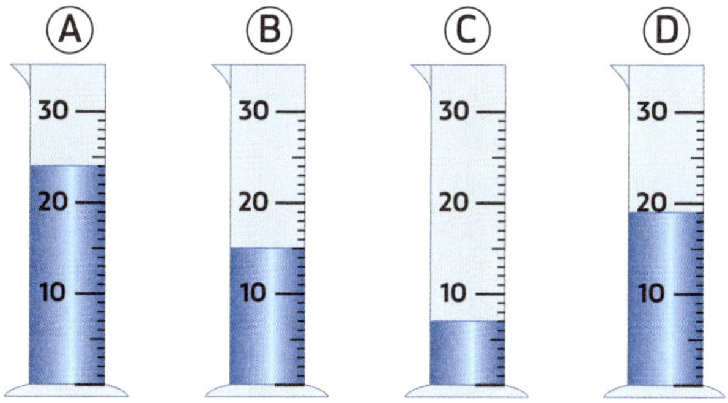

Le liquide monte jusqu'à la graduation :

A :	B :	C :	D : ....

Range les récipients de celui qui contient le plus de liquide à celui qui en contient le moins.

.... > .... > .... > ....

Découvrir une contenance de référence : le litre

1 **Entoure** ce qui contient plus d'un litre.

2 **Écris** sous chaque objet le nombre de litres qu'il peut contenir.

1 L – 10 L – 50 L – 200 L

....

....

....

....

1 Un écureuil a caché **12** noisettes près du grand chêne et **6** près du terrier du lapin.
Combien de noisettes a-t-il cachées ?

Calcul :

Phrase réponse : ....

....

2 Le fermier a ramassé **14** œufs dans le poulailler. Malheureusement, **5** étaient cassés.
Combien d'œufs sont intacts ?

Calcul :

Phrase réponse : ....

....

1 Lors de la fête foraine, Louis a gagné un lot de **12** ballons. **8** se sont envolés.
Combien lui en reste-t-il ?

Calcul :

Phrase réponse : ....

....

2 Pour réaliser sa potion magique, la sorcière a besoin de **8** pattes d'araignées, **3** pattes de fourmis et **5** pattes de sauterelles.
De combien de pattes a-t-elle besoin ?

Calcul :

Phrase réponse : ....

....

1 Au jeu de l'oie, Noah est sur la **9e** case. Il lance le dé et arrive sur la **13e** case.

Quel chiffre y avait-il sur le dé ?

Calcul :

Phrase réponse : ....

....

2 Lisa a **8** billes dans son sac. Pendant la récréation, elle en gagne **7**.

Combien en a-t-elle maintenant ?

Calcul :

Phrase réponse : ....

....

1 Léo a **17** perles à son bracelet. **7** sont bleues.
Combien sont jaunes ?

Calcul :

Phrase réponse : ....

....

2 Au zoo, il y a **14** suricates. **5** sont foncés.
Combien sont clairs ?

Calcul :

Phrase réponse : ....

....

1 Dans le jardin, 6 jonquilles jaunes et 11 tulipes rouges ont poussé. **Combien de fleurs ont poussé ?**

Calcul :

Phrase réponse : ....

2 Romain a 17 ans. Son cousin Ethan a 5 ans de moins que lui. **Quel âge a-t-il ?**

Calcul :

Phrase réponse : ....

3 Dans la classe, il y a 15 filles et 7 garçons. **Combien d'élèves y a-t-il ?**

Calcul :

Phrase réponse : ....

1 Pour préparer de la confiture pour toute l'année, il faut : **8 kg** de fraises, **13 kg** d'abricots et **4 kg** de cerises.
Combien faut-il de kilos de fruits ?

Calcul :

Phrase réponse : ....

2 Ce livre sur le Moyen Âge a **20** pages.
Mathieu vient de finir la page **13**.
Combien de pages lui reste-t-il à lire ?

Calcul :

Phrase réponse : ....

3 Au zoo, les soigneurs ont distribué **15 kg** de viande aux lions et **12 kg** aux tigres. **Combien de kilos de viande ont-ils distribués ?**

Calcul :

Phrase réponse : ....

1 Au cinéma, Aya paye sa place **11 €** et un paquet de pop-corn **4 €**. Elle a une réduction de **3 €**.
Combien payera-t-elle ?

Combien coûte la place et le pop-corn ?

Combien payera-t-elle ?

Calcul :

Phrase réponse : ....

2 Un triathlète a parcouru **5 km** à la nage et **12 km** à vélo. En tout, le triathlon fait **20 km**.
Combien lui reste-t-il à parcourir en courant ?

Combien de kilomètres a-t-il déjà parcourus ?

Combien de kilomètres lui reste-t-il à parcourir ?

Calcul :

Phrase réponse : ....

1 Lizzie achète un livre documentaire sur le système solaire à **14 €** et un roman à **7 €**. Elle donne **30 €** au caissier.

.... **Combien doit-il lui rendre ?**

Calcul :

Phrase réponse : ....

....

2 Basti et Éléonore achètent **2** boîtes de **10** œufs pour faire une omelette aux champignons. Ils utilisent **12** œufs.

.... **Combien en reste-t-il ?**

Calcul :

Phrase réponse : ....

....

1 5 aliens se partagent équitablement un trésor composé de 25 étoiles. **Combien d'étoiles aura chaque alien ?**

Calcul :

Phrase réponse : ....

2 4 aliens se partagent équitablement un trésor composé de 32 étoiles. **Combien d'étoiles aura chaque alien ?**

Calcul :

Phrase réponse : ....

3 6 écureuils ont trouvé 24 noisettes. Ils se les partagent équitablement. **Combien de noisettes aura chaque écureuil ?**

Calcul :

Phrase réponse : ....

1 Nathan, Robin et Arthur se partagent équitablement un sac de **35** bonbons. **Combien de bonbons aura chaque enfant ?**

Calcul :

Phrase réponse : ....

Combien en restera-t-il ? ....

2 Tao, Lizzie, Jeanne et Laurie jouent aux cartes. Ils doivent en distribuer équitablement **64**. **Combien chacun en aura-t-il ?**

Calcul :

Phrase réponse : ....

Combien en restera-t-il ? ....

3 Les enfants doivent décorer équitablement **4** sapins avec **57** boules. **Combien de boules aura chaque sapin ?**

Calcul :

Phrase réponse : ....

Combien en restera-t-il ? ....

1 8 aliens ont trouvé 3 étoiles chacun. **Combien ont-ils d'étoiles dans leur trésor ?**

Calcul :

Phrase réponse : ....

2 4 aliens ont trouvé 5 étoiles chacun. **Combien ont-ils d'étoiles dans leur trésor ?**

Calcul :

Phrase réponse : ....

3 6 écureuils trouvent chacun 4 noisettes.
Combien y a-t-il de noisettes en tout ?

Calcul :

Phrase réponse : ....

1 Louis a acheté **9** carnets de **10** timbres chacun.
Combien a-t-il acheté de timbres ?

Calcul :

Phrase réponse : ....

2 Anna a **7** billets de **5 €** dans son porte-monnaie.
Combien a-t-elle d'argent ?

Calcul :

Phrase réponse : ....

3 Mamie a acheté **8 kg** de pommes à **4 €** le kilo.
Combien a-t-elle dépensé ?

Calcul :

Phrase réponse : ....

1 J'ai **70** timbres. Combien ai-je de carnets de **10** timbres ?

Calcul :

Phrase réponse : ....

2 Nataël a **45 €** en billets de **5 €** uniquement.
Combien a-t-il de billets dans son porte-monnaie ?

Calcul :

Phrase réponse : ....

3 Les pirates ont trouvé **60** pièces. Elles étaient rangées par **12** dans des coffres. Combien y avait-il de coffres ?

Calcul :

Phrase réponse : ....

1 Les aliens ont trouvé 64 étoiles. Elles étaient rangées dans des sacs de 8 étoiles. **Combien y avait-il de sacs ?**

Calcul :

Phrase réponse : ....

2 Un écureuil cache ses noisettes par 5 dans des trous. Il en a caché 55. **Combien de trous a-t-il creusés ?**

Calcul :

Phrase réponse : ....

3 La fermière a récupéré 80 œufs. Elle les range par 10 dans les boîtes. **De combien de boîtes a-t-elle besoin ?**

Calcul :

Phrase réponse : ....

1 Sur le parking, il y a **27** motos et **36** voitures.
Combien y a-t-il de véhicules en tout ?

Calcul :

Phrase réponse : ....

2 Kais a commandé **34** gâteaux. **15** sont à la vanille.
Combien sont au chocolat ?

Calcul :

Phrase réponse : ....

3 Des pirates ont trouvé **5** caisses contenant chacune **13** pièces d'or. **Combien ont-ils de pièces à se partager ?**

Calcul :

Phrase réponse : ....

Résoudre des problèmes relevant de toutes les opérations

1 **4** aliens se partagent un trésor composé de **48** étoiles.
Combien d'étoiles aura chaque alien ?

Calcul :

Phrase réponse : ....

2 Mila achète un livre documentaire sur les dinosaures à **26 €**.
Elle donne **40 €** au caissier. **Combien lui rendra-t-il ?**

Calcul :

Phrase réponse : ....

3 Lyséa lit un livre de **80** pages. Elle vient de finir la page **53**.
Combien de pages lui reste-t-il à lire ?

Calcul :

Phrase réponse : ....

Tu dois faire des tours de cubes avec **3** cubes de deux couleurs différentes : bleu et jaune.

Trouve toutes les possibilités et **colorie** les tours.

Bonus **Complète** cette frise.

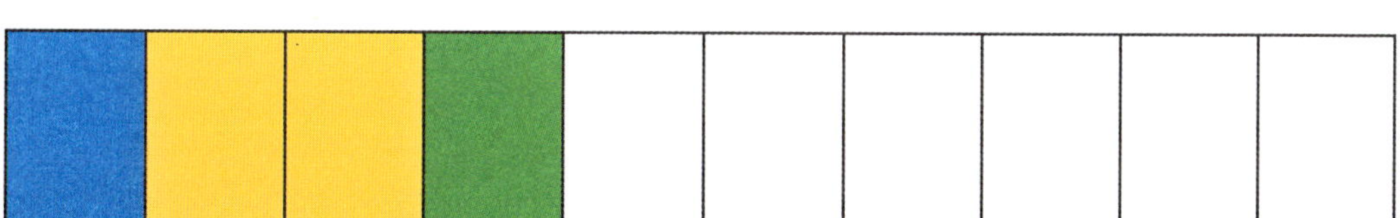

Observe l'illustration.

Le Petit Chaperon rouge doit récupérer du miel, du pain et des fleurs avant d'aller chez Mère-Grand.

Dessine tous les chemins possibles.

Dans le pré, il y a des vaches et des poules.
On voit **18** pattes en tout. **Cherche** combien il y a d'animaux de chaque espèce.

Il y a .... vache(s). Il y a .... poule(s).

Il y a .... vache(s). Il y a .... poule(s).

Il y a .... vache(s). Il y a .... poule(s).

Il y a .... vache(s). Il y a .... poule(s).

Il y a .... vache(s). Il y a .... poule(s).

Complète ces grilles de Sudoku.

	5	4	1	2
	2	3	5	4
	4	1	2	3
	3	5	4	1
	1	2	3	5

2	3	5	1	4
5	1	4	2	3
4	2	3	5	1
3	5	1	4	2

	4	5	3	1
	3	1	2	4
	2	4	5	3
	1	2	4	5

2	5	4	3	
4	3		2	5
1	2	5		3
	4	3	1	2
3		2	5	4

5		3	2	4
2	4		1	3
	2	4	5	
4		1	3	2
1	3	2		5

5	1	2	4	
4				2
1	2	4		5
	5	1		4
	4	3	5	1

Complète ces grilles de Sudoku.

2	4	3	1
3			2
4			3
1	3	2	4

	1	3	2
	2	1	
	4	2	
	3	4	1

	2		4
4	1		3
2			1
1	4		2

		2	4
2	4		1
4		1	3
3	1		

4	3		2
2			
	4	2	1
1			3

2		4	
	4	3	2
	1	2	4
4			3

Les fléchettes

Tu dois atteindre 10 avec 3 flèches sur chaque cible.
Place-les au bon endroit. Trouve toutes les possibilités.

1 **Écris** la valeur de chaque matériel de classe.

un cahier = ... | un crayon = ... | une gomme = ...

2 **Écris** la valeur de chaque jouet.

une toupie = ... | un voiture = ... | une poupée = ...

1 **Écris** la valeur de chaque aliment.

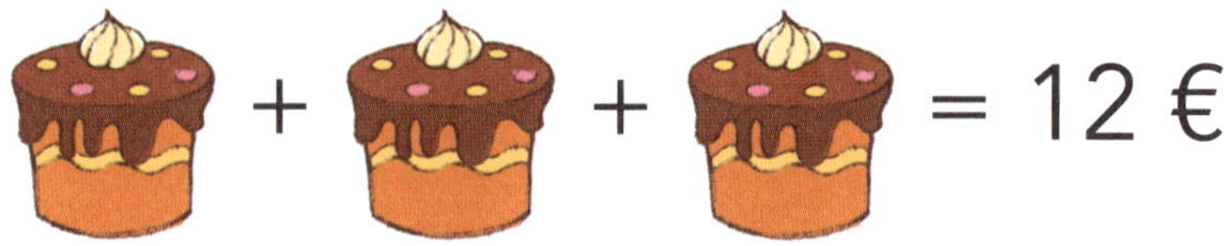

un gâteau = ...

un fruit = ...

une brique de lait = ...

2 **Écris** la valeur de chaque aliment.

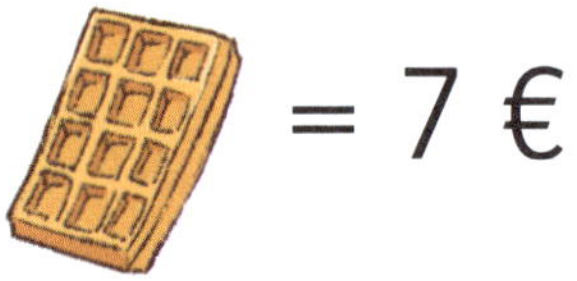

une gaufre = ...

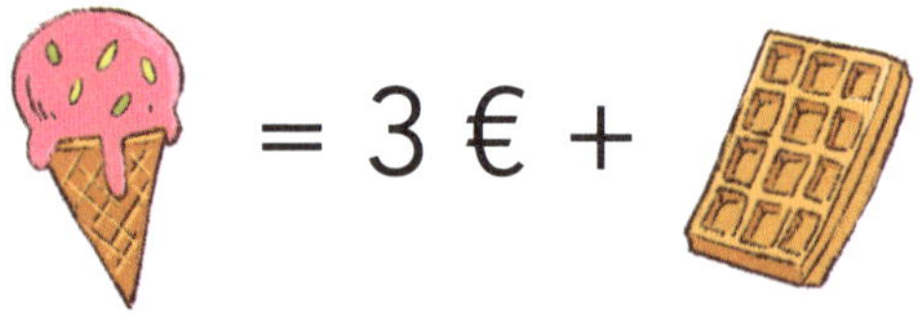

une glace = ...

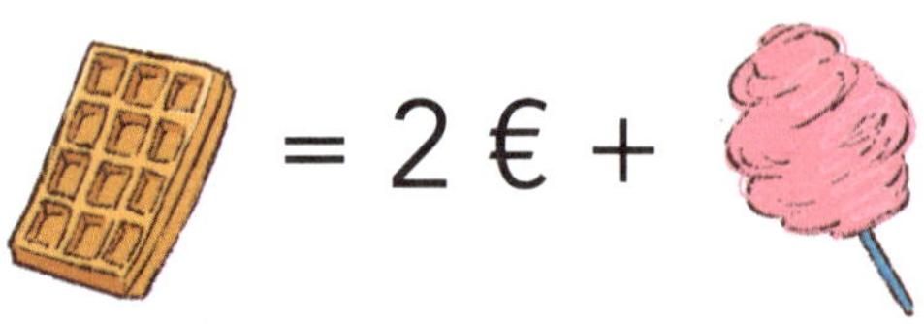

une barbe à papa = ...

Lire et construire un tableau à double entrée

1 **Lis** le tableau et **calcule** combien chaque enfant a dans sa tirelire.

	Juliette	Lison	Paul	Ninon
Pièce de 1 €	2	4	2	2
Pièce de 2 €		1	2	
Billet de 5 €	1		1	3
Billet de 10 €	2	1	2	1

Juliette .... Lison .... Paul .... Ninon ....

2 **Complète** ce tableau à partir des indications données par l'image sur les accessoires des sorcières.

	....	....	....	....
Carabouille				
....				
....				

Carabouille Gribouille Ratatouille

balai
chaudron
chat
chapeau

Observe attentivement ce document.

1 Réponds aux questions.

- Combien de personnes veulent entrer au cinéma ? ....
- Combien paieront-ils en tout ?

....

- Ils donnent 20 € pour acheter une glace, un paquet de pop-corn et une barbe à papa. Combien doit-on leur rendre ?

....

1 Voici le nombre de pièces trouvées par chaque pirate.
Réponds aux questions.

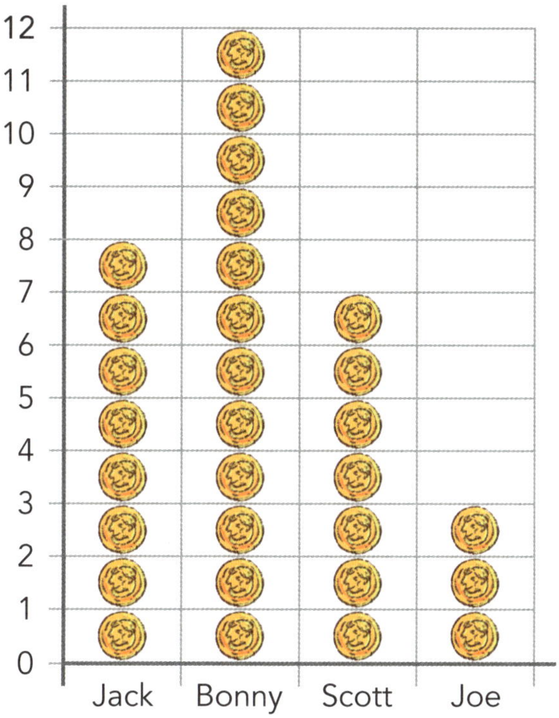

- Qui en a trouvé le plus ?

....

- Qui en a trouvé le moins ?

....

- Combien ont-ils trouvé de pièces en tout ?

....

2 Chaque élève a voté pour son livre préféré.
Colorie le graphique en barres correspondant au tableau.

Le Petit Chaperon rouge	6
Boucle d'Or	7
Jack et le haricot magique	5
Le Chat botté	2
Blanche-Neige	4

Chercher des informations sur le plan du zoo

Observe attentivement le plan du zoo.

1 Réponds aux questions.

- Quels animaux sont de chaque côté des girafes ?

....

- Qui se trouve dans la serre ? ....

- Près de quel enclos se trouve le snack ?

....

2 Trace les trajets dans le plan en suivant les consignes.

- Marie est devant les éléphants. Elle souhaite aller aux toilettes le plus rapidement possible.

Trace son trajet en bleu.

- Voici le chemin parcouru par Arthur et sa famille : singes, éléphants, rhinocéros, zèbres, panda, koala, snack, aire de jeux, hippopotames, panda roux, ours et boutique.

Trace leur trajet en rouge.

Chercher des informations sur des panneaux documentaires sur les animaux

Observe attentivement ce panneau documentaire.

1 Réponds aux questions.

- De quelle famille d'animaux le lion fait-il partie ? ....
- Quel animal court le moins vite ? ....
- Combien y a-t-il de différence entre la vitesse du lion et celle du chat ? ....
- Quelles sont les proies du lion ? ....

....
- Combien d'animaux le lion peut-il manger par an ?

....
- Combien d'heures par jour le lion est-il éveillé ?

....

Rechercher des informations sur un menu de restaurant

Observe attentivement ce menu de restaurant.

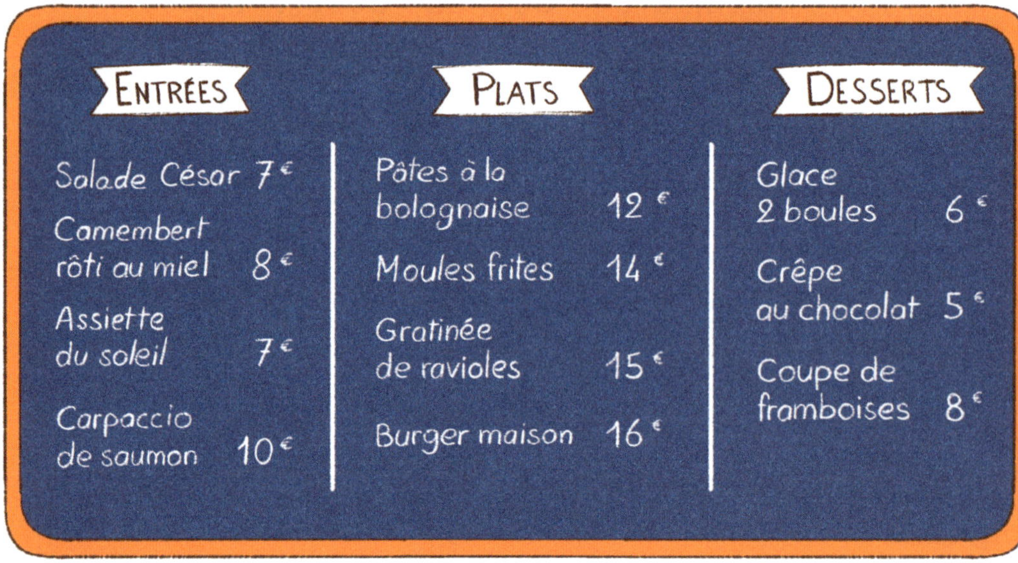

1 Voici les menus choisis par les enfants.
Calcule le montant de l'addition de chacun.

Camembert rôti au miel Moules frites Crêpe au chocolat	Assiette du soleil Pâtes à la bolognaise Glace 2 boules	Salade César Gratinée de ravioles Coupe de framboises
....	....	....

2 **Choisis** ton menu, **écris**-le et **calcule** le montant de ton addition.

....

....

....

Je dois payer ....

Sacha a essayé d'économiser pendant **4** semaines.
Chaque semaine, il a noté le montant total de sa tirelire.

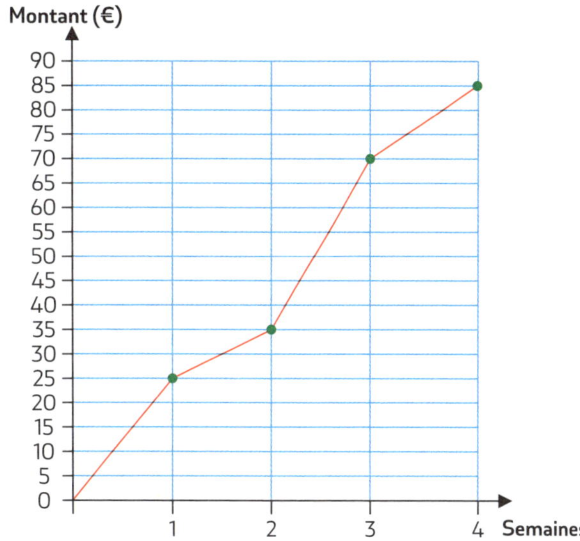

1 **Observe** bien le graphique et **complète**.

	Semaine 1	Semaine 2	Semaine 3	Semaine 4
Montant de la tirelire	....	....	....	....

2 **Réponds** aux questions.

- Quelle semaine a-t-il réussi à économiser le moins ? Combien ?

....

- Quelle semaine a-t-il réussi à économiser le plus ? Combien ?

....

- Dessine les pièces et billets qu'il est arrivé à économiser en tout.

Lire des informations sur la carte météo

1 **Dessine** sur la carte le temps qu'il fait dans chaque ville.

Nice	soleil	25 °C
Lille	pluie	17 °C
Paris	soleil nuage	22 °C
Toulouse	pluie	21 °C
Clermont	nuage	16 °C
La Rochelle	soleil	24 °C

2 **Écris** le nom de la ville ou **colorie** le thermomètre.

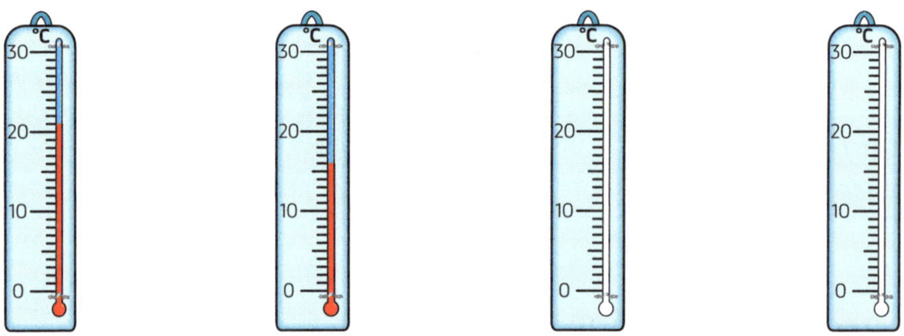

....	....	La Rochelle	Paris

Création de la maquette intérieure et de la couverture : Florence Le Maux
Mise en pages : Mediamax
Illustration de la couverture : Sandrine Olivier
Édition : Anne-Gabrielle Anger, Camille Avagliano et avec la collaboration de Justine Tajan
Relecture : Christel Desmaris
Fabrication : Marc Chalmin
Illustrations intérieures : Sandrine Olivier, Jacky Choi, Anaïs Thibaud.
Police : SG STYLO © 4 HEURES 21/11/2003

Imprimé en Pologne en février 2024 par DRUKARNIA DIMOGRAF SP ZOO
Dépôt légal : février 2021 Collection n°16 - Édition n° 06

82/4937/5
ISBN : 978-2-01-713621-7